JN207278

空
から見た
洞窟遺跡

福井洞窟ミュージアム × 岡山理科大学 編

雄山閣

ごあいさつ

　このたび、福井洞窟特別史跡答申記念企画展『空から見た洞窟遺跡』を佐世保市教育委員会様と共同主催する運びとなりました。

　財団法人倉敷考古館で当時、主事をお努めであった鎌木義昌先生は、1960年、岡山県文化奨励賞を受賞されるなど、岡山の考古学において、輝かしい成果を挙げられました。

　こうした中、同年、鎌木先生は、西北九州の地に入られ、福井洞窟を発掘され、わが国の旧石器時代研究をリードされることになります。

　そこで1966年、開学間もない本学は鎌木先生をお招きし、本学における人類学・考古学の礎を築かれました。

　こうしたことが契機となり、半世紀後、岡山理科大学では、長崎県佐世保市様とともに、共同研究「福井洞窟の研究」を通じて、2023年3月、『長崎県佐世保市福井洞窟資料図譜―岡山理科大学博物館学芸員課程コレクション―』（岡山理科大学・佐世保市教育委員会編・雄山閣発行）を上梓し、福井洞窟の学術的価値を明らかにしました。

　さらに、鎌木先生に始まり、今に至る研究成果を踏まえ、文化審議会は、2024年6月、文部科学大臣に対して、福井洞窟を特別史跡に指定するよう答申しました。

　これは、福井洞窟が、約1万9,000年前から1万年前の炉跡や石器、土器が出土し、縄文文化の起源を考える上できわめて重要な遺跡であると評価されたためで、わが国の旧石器時代の遺跡の中ではじめての特別史跡となりました。

　このことを記念し、このたびの記念企画展開催となりました。

　この企画展は、小型無人機を利用して、福井洞窟をはじめとする洞窟遺跡を上空から俯瞰し、洞窟遺跡の景観や立地特性を把握しようとする、新たな試みでもあります。

　佐世保市教育委員会様、岡山ならびに北部九州6館のパートナー館ほかの関係者のみなさまに深くお礼申し上げます。

岡山理科大学

学長　平野　博之

佐世保市は、北部九州の西端に位置する都市です。数多くの洞窟遺跡があり、遺跡の数と各遺跡の質から「洞窟遺跡日本一のまち佐世保」を掲げています。とりわけ、国指定の史跡福井洞窟や泉福寺洞窟は人類史上意義ある遺跡として学会において広く知られています。

　この度、佐世保市において、福井洞窟ミュージアム連携企画展『空から見た洞窟遺跡』を岡山理科大学と共同で開催することとなりました。これまで岡山理科大学と本市におきましては、福井洞窟を通じて学術研究の共同研究を進めており、令和5年3月には昭和30年代の発掘資料を『福井洞窟資料図譜』として刊行いたしました。過去から現在に至るまで、福井洞窟の価値をさらに深く掘り下げていくことができたものと思います。

　今回の企画展では、福井洞窟だけでなく、北部九州の洞窟遺跡や奇岩地形を取り上げながら、洞窟地形の成り立ちやその特性について、無人航空機いわゆるドローンを活用した調査研究を進められたことは極めて意義あることと思います。

　さて、令和6年6月24日には、福井洞窟を国の特別史跡に指定すべき遺跡として国の文化審議会から答申がなされました。今後、文化庁長官により国の特別史跡に指定されれば、国内で初となる旧石器時代の特別史跡となります。こうした機会に、福井洞窟をはじめとする洞窟遺跡に注目すべき本展示会が開催できたことは大変喜ばしいことであります。

　なお、今回の企画展は、本市を皮切りに岡山県、佐賀県、大分県、長崎県の6会場で巡回展示される予定でありますが、本企画展を通じて、身近にある遺跡や文化財を俯瞰した空から見てみることで、普段見ることのできない壮大な景色をぜひご堪能いただければ幸いです。

　結びになりますが、福井洞窟ミュージアムと岡山理科大学との連携企画展の開催にあたって、ご執筆いただいた関係者の皆さまには心より感謝申し上げます。併せて、連携展示会開催にあたって、ご後援や資料提供等のご協力を賜りました関係機関、地元佐世保市吉井町の皆様に心からお礼申し上げます。

佐世保市教育委員会

教育長　陣内　康昭

＊本書に掲載した「空から見た洞窟遺跡」の写真のうち、印が表記された写真は、2017年以降、DJI社製の無人航空機 Phantom 4 Pro 及び Mavic 3 Pro を用いて、德澤啓一（岡山理科大学）が空撮したものである。

第**1**章

空から見た西海の海と山

◉いくつもの島々が連なる九十九島

1　世界で最も美しい湾・九十九島

　長崎県北西部の海に面した佐世保市九十九島から平戸島、五島列島の範囲の臨海部には、リアス式海岸が形成され、各所に半島や岬がある。このリアス式海岸と大小の島々が織りなす複雑な自然景観は、風光明媚な西海国立公園「九十九島」として称賛されている。国立公園としては、1955年（昭和30）に日本で18番目に指定を受けている。

　200余りの島からなる九十九島を含め、大小400に及ぶ島々が織りなす外洋性多島海の景観は、江戸時代の測量士・伊能忠敬をうならせ、「七十に近き春にぞ相の浦　九十九島をいきの松原」との歌を残している。

　九十九島は、2018年（平成30）に「世界で最も美しい湾クラブ」に認定された。フランスのモン・サン＝ミッシェルやベトナムのハロン湾、日本では松島や富山湾、駿河湾などいずれも世界を代表する名勝地が名を連ねる。九十九島でみられる早朝の碧い海と緑の風景も、夕日が沈む桃色の風景も、西海のシンボルとなっている。

2　日本屈指の溶岩台地

　海から山へ、視点を向けると、九十九島は半島の端にあることがわかる。西北九州の洞窟遺跡は、この北松浦半島の中央部に多く分布する。この地域は、北松炭田（ほくしょうたんでん）の地域にもあたる。約30kmの長大さを誇る日本屈指の溶岩地帯だ。洞窟を構成する地質が新第三紀層砂岩帯にあたり、この中に石炭が含まれる。この砂岩帯を覆う玄武岩（げんぶがん）の溶岩台地が本地域の基本的な地質となる。この台地を相浦川（あいのうらがわ）や佐々川（さざがわ）、江迎川（えむかえがわ）が開析し、渓谷（けいこく）や崖（がけ）地形があちらこちらに見られる。この中にある川沿いの洞穴（ほらあな）を先史時代の人々は見逃すことなく、生活の場とした。佐々川には福井洞窟（ふくい）や直谷岩陰（なおや）、相浦川には泉福寺洞窟（せんぷくじ）や岩下洞穴（いわした）がみられる。

　この一帯には将冠岳（しょうかんだけ）（445m）、烏帽子岳（えぼしだけ）（568m）、国見山（くにみやま）（776m）などの山系が連なり、佐世保市域東側では佐賀県と県境を接する。この国見山から東に位置するのが、佐賀県盗人岩陰（ぬすっと）、白蛇山岩陰（しらへびやま）である。伊万里湾（いまりわん）を隔てて同じ玄武岩の溶岩台地が広がる上場台地（うわば）にあるのが百田岩陰（ひゃくた）である。

●烏帽子岳からみた九十九島のサンセット

3 空から見た洞窟遺跡と自然景観

　北松浦半島の最頂部にある国見山の目前には、日本を代表する黒曜石の原産地腰岳（佐賀県伊万里市）がそびえている。腰岳から南部には、針尾島やその周辺に黒曜石原産地が分布する。第四紀初め頃までの火山活動による黒曜石原産地であり、豊富な石材環境が先史時代の狩猟活動を支えていた。

　こうした山頂から見える、染み入るような夕陽の情景は、海沿いから少し高台に立った場所からみるとより一層人々の心を掻き立てる。

　遺跡に立つと、幾世の人々もこの光景を見て海の先に見える地平を目指す冒険心を抱き、また日が沈み闇夜に代わる自然に畏敬の念を抱いたことだろうと思いをはせられる。

　江戸時代、平戸藩では往還沿いに8ヵ所の名勝地を指定し「平戸八景」と称して、往来人の心を和ませた。東九州に目を転じると、中津藩では「青の洞門」も諸国巡礼の道として掘られた。佐伯藩では、凝灰岩や石灰岩の台地の中に鍾乳洞や扇状に織りなす景勝地が点在する。こうした遺跡や奇岩地形が織りなす景観を俯瞰してみることで、自然の雄大さと遺跡のもつ力を改めて感じる。

（栁田裕三）

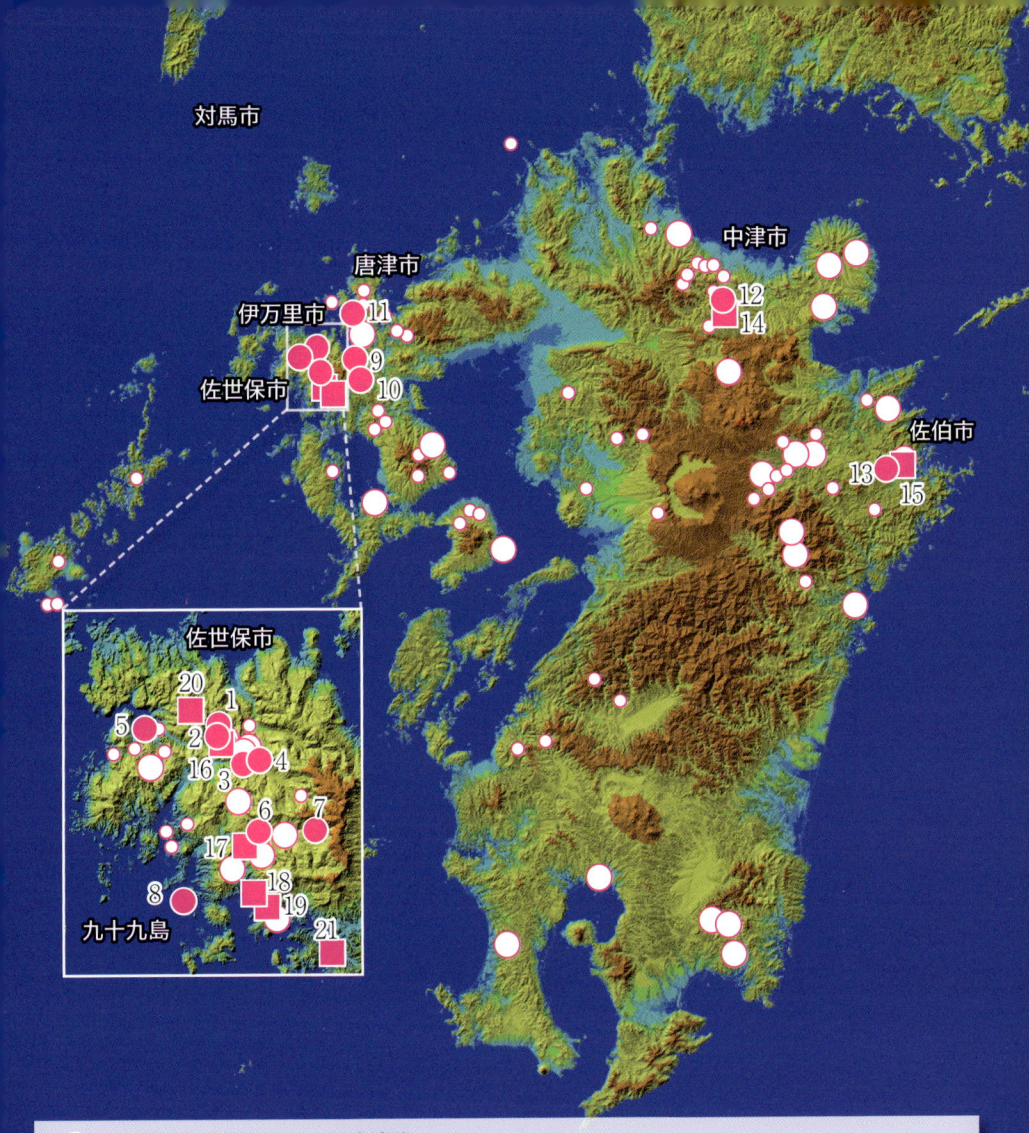

対馬市

唐津市

中津市

伊万里市

佐世保市

佐伯市

佐世保市

20
1
5
2
16 3 4
6 7
17
8 18
19
九十九島 21

●：本書及び本展覧会で扱う洞窟遺跡

1：福井洞窟　2：直谷岩陰　3：橋川内洞窟　4：岩谷口岩陰　5：石屋洞穴　6：岩下洞穴　7：大古川岩陰
8：牟牛崎洞穴　9：白蛇山岩陰　10：盗人岩陰　11：百田岩陰　12：枌洞穴　13：前高洞穴

■：本書及び本展覧会で扱う奇岩地形

14：耶馬渓　15：小半鍾乳洞　16：石橋（平戸八景）　17：眼鏡石（平戸八景）　18：巌屋宮（平戸八景）
19：福石山（平戸八景）　20：潜龍水（平戸八景）　21：潮之目（平戸八景）

○：そのほかの九州の洞窟遺跡（発掘調査等により様相が明らかな遺跡）

○：そのほかの九州の洞窟遺跡（未だ様相が明らかではない遺跡）

●九州の洞窟遺跡（地図は国土地理院 HP より）

西海国立公園「九十九島」

●九十九島（1953年、蓮田知則氏撮影）

西海国立公園とは？

西海国立公園は、1955年3月16日に日本で18番目の国立公園として誕生した。"国立公園"の定義は「我が国の風景を代表するに足りる傑出した自然の風景地」（自然公園法）となっている。2024年5月現在、日本には34ヵ所の国立公園がある。

"西海"という名称は、古代律令制の行政区画である「五畿七道」に由来している。西海国立公園が誕生する前の九州には、雲仙、阿蘇、霧島と「山」の国立公園が存在していた。国立公園指定を目指していた当時の関係者は、九州一帯を指す"西海"の名称を用いることで、九州を代表する「海」の国立公園になることを標榜した。

西海よりも先に国立公園になっていた瀬戸内海および伊勢志摩も、沢山の島々が「傑出した風景地」を形作っているが、いずれも「内海」に存在する。西海国立公園は五島、平戸、九十九島にまたがっているが、「外洋性多島海」という包括した概念によって、その特徴を表すことになった。「外洋性多島海」は少々難解な言葉だったこともあり、国（環境省）はパンフレットなどで西海国立公園を紹介する際、「島々の王国」というキャッチコピーを使っていたことがある。九十九島には「島々の王国」という言葉が何の違和感もなく当てはまる。

九十九島の地名

九十九島という地名は、「象潟」（2024年現在の秋田県にかほ市）の「八十八潟、九十九島」を参考にしたのではないかと筆者は考えている。象潟は古代の文献（『古今和歌集』など）に登場しており、「東の松島、西の象潟」とも謳われ、西行や松尾芭蕉が訪れて、和歌や俳句を詠んでいる。一方、平戸藩の史料が充実している松浦史料博物館に保存されている収蔵物の中で「九十九島」の文字が確認できるものは、1700年に作られた参勤交代絵巻が最も古い。

●江戸時代・長崎街道を行く外国人や役人（阿蘭陀国使節行列及び立山役所応接配置図等ノ図：長崎歴史文化博物館提供）

　同じ江戸時代ではあるが1847年（弘化4）に、平戸藩主が領内の奇岩や奇勝を「平戸領地方八奇勝図」として京都の絵師に作画と出版を依頼したのが「平戸八景」として伝承されている。「平戸領地方八奇勝図」は、今で言うところの観光パンフレットのようなものだったのかもしれない。

　江戸時代は、参勤交代で日本中の藩主が江戸に集まっていたが、藩主やその側近達は、他の藩との情報交換や各藩のお国自慢をしていたのではないかと想像できる。

●東海道並船路図（松浦史料博物館提供）
江戸時代（中期）に作成された。「九十九島」の文字が見える。

　意外なことに、九十九島は平戸八景には含まれていないが、奇岩や奇勝に加え「傑出した自然の風景地」を形成してきた地質や自然環境のエリアであることは、我が国で最も多くの洞窟遺跡が残っていることと相関しているのではないだろうか。

「外洋性多島海」

　「外洋性多島海」という特徴は、世界遺産「長崎と天草地方の潜伏キリシタン関連遺産」とも関連していると考えられる。それは、江戸時代250年間にも及ぶ「潜伏」の歴史は、当時の人々にとって、近寄り難く見つかりにくいという場所の特徴が無ければ、幻となっていたかもしれないからだ。

　九十九島をはじめとする西海国立公園とその周辺一帯は、古代の洞窟遺跡とともに、いろんな想像力を膨らませるにはもってこいの地域でもある。　（蓮田　尚）

第2章 北部九州の洞窟遺跡

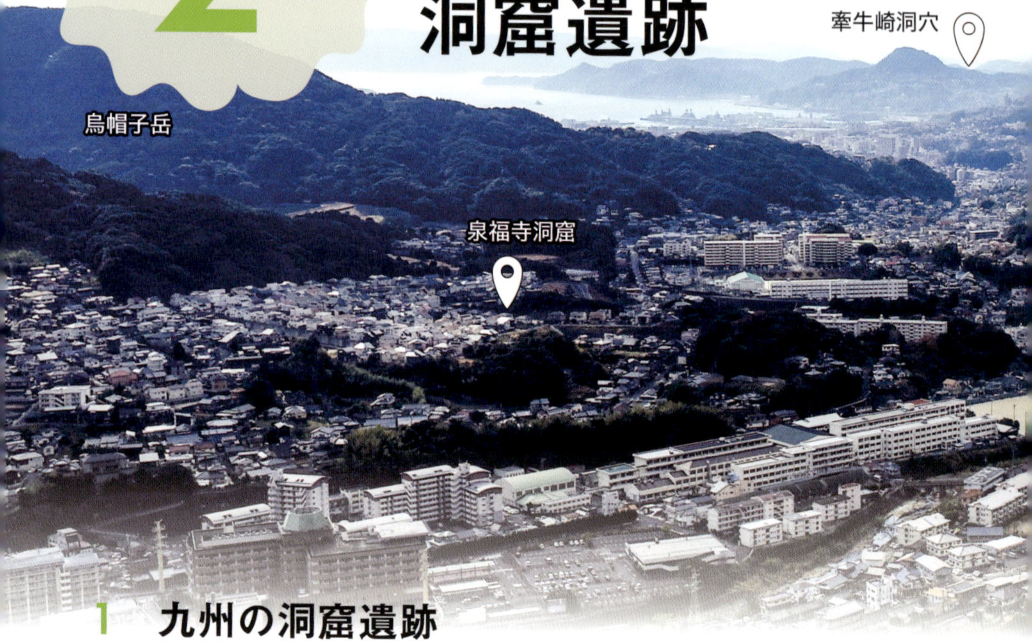
烏帽子岳
泉福寺洞窟
牽牛崎洞穴

1 九州の洞窟遺跡

琉球列島を除く九州の洞窟遺跡は、2020年（令和2）現在182遺跡見つかっている。中でも北部九州には112遺跡が所在する。九州山脈を隔てて、西北九州と東九州に分布の集中が分かれる傾向にある。

時期別にみると、旧石器時代の利用は少ない。移動性の高さや落石などにより、岩盤近い下層まで調査が及ばないこともその要因と考えられている。縄文時代草創期は西北九州を中心に洞窟遺跡が増加する。九州における洞窟利用の画期は縄文時代早期で、とくに押型文（おしがたもん）土器期に最も遺跡数が多い。後晩期になると、南九州の鹿児島県中岳（なかだけ）洞穴や黒川（くろかわ）洞穴で膨大な動物骨や貝類も確認されており、多角的な資源利用が考えられる。弥生時代以降にも狩猟活動に加えて、埋葬の事例もある。その後、古代中世には散発的な利用がみられる。以上が、九州洞窟遺跡の時期的変遷である。次に東西の洞窟遺跡をみてみよう。

●岩下洞穴から佐世保湾を望む

将冠岳

前岳

中通洞穴

眼鏡石

相浦川

2　西北九州の洞窟遺跡と利用

　西北九州の地質は、第三紀層堆積岩（砂岩）の上に玄武岩質の溶岩が堆積し、台地を形成している。それを河川が削ることで洞窟や岩陰が形づくられると考えられている。相浦川や佐々川、伊万里川などの水系を中心に遺跡が分布する理由の一つはそこにあり、福井洞窟や直谷岩陰など佐々川支流の福井川流域の遺跡分布はその好例といえる。中には、国見山系の300ｍ近い高地の洞窟遺跡があり、風化作用によって形成された高位段丘面の白蛇山岩陰遺跡や盗人岩陰等もある。こうした水系や峠の先には、黒曜石の原産地がある。佐世保湾や玄界灘の沿岸部には、海蝕洞窟もみられる。河川に沿って人々が移動し、その中に一定領域で生活していたと考えられる。

　後期旧石器時代から洞窟の利用が始まり、旧石器時代終末期から縄文時代早期にかけては洞窟利用が多い傾向にある。こうした分布や時代傾向は、先史時代の人々の狩猟を中心とする生業活動や移動ルートが遺跡の分布や増減に関係していると考えられる。

●**西北九州の洞窟遺跡**　古代・中世に利用された海蝕洞穴。

　弥生時代になると下本山岩陰などの埋葬墓が見られ、古墳時代には岩谷口岩陰の銅鏡の破片も出土している。次第に生活の場から非日常的な場所に変わっていることがわかる。古代中世には、岩礁性貝類が大量に出土するなど１つの生業に特化した生活痕跡を残す龍神洞穴や牽牛崎洞穴もあるが、近世では流浪の人の仮宿の利用例もある。

　音が反響したり、光の射す情景から神秘的な空間をもつことが多い洞窟や岩陰は、中世以降に神社や祠が安置されるなど信仰の場として利用される例も白蛇山岩陰遺跡や平戸八景の厳屋宮に見られる。

　砂岩が織りなす優美な自然地形は、江戸時代に平戸八景として顕彰され、戦後復興のシンボルである「九十九島」の特性基盤となっている。自然と人をつなげる文化史が洞窟遺跡から望むことができるのだ。

●**白蛇山岩陰遺跡**
（佐賀県指定史跡）

●東九州の鍾乳洞・小半鍾乳洞（国指定天然記念物）　山深い場所に河川などの侵食により形成される。

3　東九州の洞窟遺跡と地質

　東九州は豊前・国東半島では角礫凝灰岩、大野川流域では阿蘇溶結凝灰岩の基盤層からなる。また、大分県南部には石灰岩層があり、河川や地下水の侵食によって形成された洞窟遺跡がみられる。

　縄文時代草創期からの利用がみられるが、川原田岩陰や二日市洞穴のように中心となる時期は縄文時代早期である。とくに、埋葬人骨が多く、枌洞穴では66体もの人骨が発見され、全国屈指の埋葬洞窟遺跡である。枌洞穴では、早期（土壙墓）、前期（土壙の上部に石を覆う覆石墓）、後期（合葬墓など）へと縄文埋葬の変遷を見ることができ、副葬品などを含め、当時の死生観を垣間見ることができる。

　こうした凝灰岩や石灰岩で形成された洞窟や岩陰遺跡は、人骨などの有機物をよく保存する特性をもつ。

　東九州では西北九州のような利用変遷をたどることは難しいものの、古くから自然の織りなす景観を名勝地や天然記念物として選定される例がある。

　豊前山麓にある奇岩奇峰は、複数回にわたる火山活動に伴う噴出物が堆積し形成した台地が河川によって開析されたもので、場所によって異なる景観を魅せる。耶馬溪は1818年（文政元）に文人・頼山陽が、「山国谷」という地名に中国風の文字を宛て、当地を「耶馬溪山天下無」と漢詩を読んだのが事の起こりといわれる。その後、日本三大名勝に選定される。

　これらの洞窟遺跡や奇岩地形を空から俯瞰して見てみることで、その形成過程や特性を見渡すことができる。　　　　　　（高橋央輝・栁田裕三）

河川争奪と洞窟遺跡
福井洞窟

至：松浦

地すべり移動体

福井洞窟

西岩陰

福井川

高法地岳

地形ポイント

標高110mで、段丘面の
先端にある。福井川（ふくいがわ）によっ
て削られてできた洞窟遺
跡。周辺には地すべりに
よってできた地形もある。

東岩陰

Fukui Cave

場所
長崎県佐世保市吉井町
福井1011番地9ほか

規模
間口×奥行×庇高
16.4m × 5.5m × 4.7m

標高
110m

福井洞窟

川の流れが変わってできた洞窟地形

　福井洞窟の前面には福井川が流れている。福井洞窟の周辺の段丘面を地質調査した結果、この福井川と洞窟地形の形成が深く関わっていることが明らかとなった。

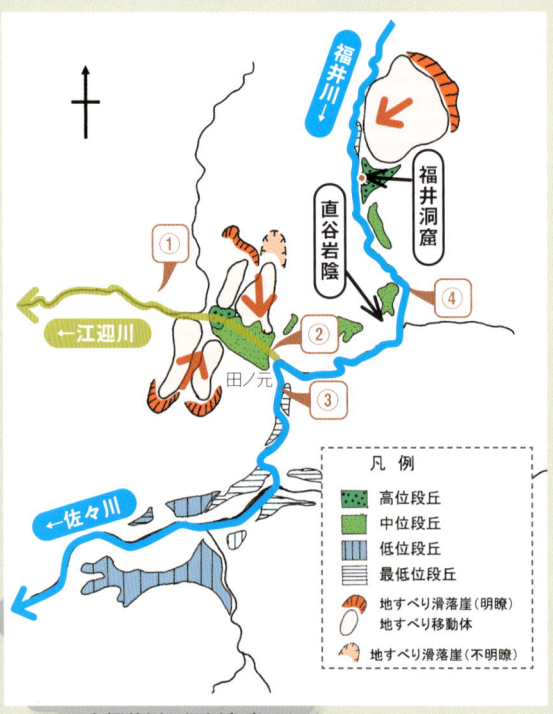

●福井川の河川争奪のしくみ
（西山 2022 を一部改変）

　4万年よりもはるか前、①福井川は現在の洞窟の上にある段丘の前を流れて、江迎川に向かって流れていた。②ある時、河川中流域の田ノ元付近で地すべりが発生し、川をせき止めてしまう。③行き場を失った福井川は、より低い場所を流れていた佐々川に合流した。このように川の流れが奪われてしまうことを河川争奪という。④結果、福井川は低い佐々川に向かって流れるなかで、次第に河床が低くなり、同時に谷あいの岩体を横方向に削っていく。その川に削られた跡が、現在福井川周辺に多く残る洞窟や岩陰地形なのである。

交通の要衝に宝の山?!

　福井川と佐々川の合流地点から、福井洞窟のある上流に向かっていく川沿いは、現在も松浦平戸方面に向かう交通の要所となっている。福井洞窟付近がちょうど渓谷となる分岐点。峠を越えると玄界灘が広がる地形を見渡せる。

　この福井川には、高法地岳のふもとの段丘面から転がってきた玄武岩の石が多くあるが、なかにはガラス質の安山岩があちらこちらに点在している。良質な石材で、槍やスクレイパーに向いている。峠を越えた松浦には円礫製黒曜石原産地が点在していて、福井洞窟は豊富な石材に囲まれている。（栁田裕三・伴　祐子）

◉福井川と福井洞窟 （北西から南東にむかって）

◉現在の福井洞窟 （国指定史跡）

「特別史跡」福井洞窟

　2024 年（令和 6）6 月 24 日、国の文化審議会において、福井洞窟を国の「特別史跡」に指定するように文部科学大臣へ答申がなされた。

　その学術的価値は、「日本列島における後期旧石器時代から縄文時代への移行を連続的に示す洞窟遺跡」とされた。具体的には、「後期旧石器時代から縄文時代草創期にかけての石器群の変遷と土器の出現過程が初めて明らかにされた遺跡であるとともに、環境変動と連動した遺跡の形成過程が明らかにされた遺跡として極めて重要」との見解が示されている。

特別史跡とは？

　そもそも特別史跡とは、文化財保護法に基づく指定区分である。遺跡のうち重要なものを「史跡」として国に指定され、なかでも「学術上の価値が特に高く、我が国文化の象徴たるもの」が「特別史跡」に指定される。日本の文化財保護法制の特徴のひとつは、このように 2 段階で文化財を指定・保護するところにある。古文書や仏像、建造物などの有形文化財の場合、重要なものは「重要文化財」に指定され、そのうち「類ない国民の宝たるもの」が「国宝」に指定されるが、特別史跡は、いわば「遺跡の国宝」といえる。

　一方で、各地方自治体は、文化財保護法に準じた条例や規則を制定しており、各県や市町村の中で特に学術上の価値が高いものを「県指定史跡」や「市町村指定の史跡」に指定する。長崎県では、県内遺跡数は約 3,700 件あり、そのうち 97 件が県指定史跡に、佐世保市では、市内遺跡数は約 500 件あり、そのうち 16 件が市指定史跡となっている。

特別史跡になることは

　2024 年 4 月現在、全国約 47 万件ある遺跡のうち史跡は 1,895 件あり、そのうちの 63 件が特別史跡に指定されている。この数値からも、特別史跡の稀少性が理解できる。特別史跡には、吉野ヶ里遺跡や大宰府跡、姫路城、五稜郭のほか、各地の国分寺跡、臼杵や大谷の磨崖仏、上野三碑、金閣寺や銀閣寺などの園池などがあり、いずれも教科書にも出てくる著名な遺跡ばかりである。

　今後、官報告示を経て、福井洞窟は正式に国指定の特別史跡となることを期待しているが、全国で 64 件目となる特別史跡のうち、旧石器時代まで遡る特別史跡は国内で初めてである。日本の歴史の始まりを告げる洞窟遺跡として，光り輝きつづけていただきたい。

（栁田裕三）

文化財の種類

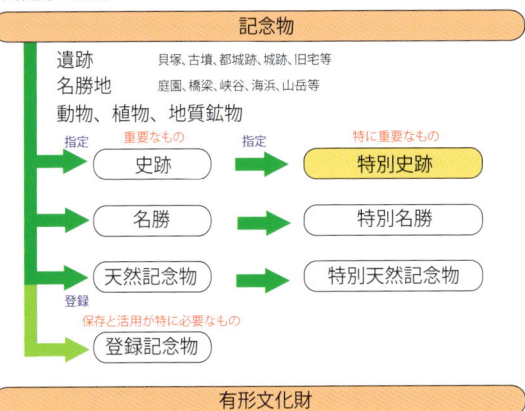

記念物

遺跡 　貝塚、古墳、都城跡、城跡、旧宅等
名勝地 　庭園、橋梁、峡谷、海浜、山岳等
動物、植物、地質鉱物

| 指定 | 重要なもの | | 指定 | 特に重要なもの |

史跡 → 特別史跡

名勝 → 特別名勝

天然記念物 → 特別天然記念物

登録 保存と活用が特に必要なもの
登録記念物

有形文化財

建造物
美術工芸品 絵画、彫刻、工芸品、書籍・典籍、古文書、考古資料、歴史資料

| 指定 | 重要なもの | | 指定 | 特に重要なもの |

重要文化財 → 国宝

◉国指定の記念物における種類と2段階指定

特別史跡	63
特別名勝	36
特別天然記念物	75
計	174（164）

史跡	1,895
名勝	429
天然記念物	1,040
計	3,364（3,249）

＊史跡名勝天然記念物の件数は，特別史跡名勝天然記念物の件数を含む。
＊史跡名勝天然記念物には重複指定があり，（　）内は実指定件数を示す。

◉国指定の史跡名勝天然記念物件数

◉国指定の特別史跡一覧

番号	史　　跡	番号	史　　跡
1	五稜郭	33	百済寺跡
2	三内丸山遺跡	34	大坂城跡
3	毛越寺境内　附　鎮守社跡	35	姫路城跡
4	無量光院跡	36	山田寺跡
5	中尊寺境内	37	本薬師寺跡
6	多賀城　附　寺跡	38	平城宮跡
7	大湯環状列石	39	文殊院西古墳
8	旧弘道館	40	巣山古墳
9	常陸国分寺跡	41	石舞台古墳
10	常陸国分尼寺跡	42	藤原宮跡
11	日光杉並木街道　附　並木寄進碑	43	高松塚古墳
12	大谷磨崖仏	44	平城京左京三条二坊宮跡庭園
13	多胡碑	45	キトラ古墳
14	山上碑及び古墳	46	岩橋千塚古墳群
15	金井沢碑	47	斎尾廃寺跡
16	埼玉古墳群	48	旧閑谷学校　附　椿山・石門・津田永忠宅跡及び黄葉亭
17	加曾利貝塚	49	厳島
18	小石川後楽園	50	廉塾ならびに菅茶山旧宅
19	旧浜離宮庭園	51	讃岐国分寺跡
20	江戸城跡	52	水城跡
21	一乗谷朝倉氏遺跡	53	大宰府跡
22	尖石石器時代遺跡	54	大野城跡
23	新居関跡	55	王塚古墳
24	遠江国分寺跡	56	基肄（椽）城跡
25	登呂遺跡	57	名護屋城　並　陣跡
26	名古屋城跡	58	吉野ヶ里遺跡
27	本居宣長旧宅　同宅跡	59	金田城跡
28	安土城跡	60	原の辻遺跡
29	彦根城跡	61	熊本城跡
30	鹿苑寺（金閣寺）庭園	62	臼杵磨崖仏　附　日吉塔　慶応二年在銘五輪塔　承安二年在銘五輪塔
31	慈照寺（銀閣寺）庭園	63	西都原古墳群
32	醍醐寺三宝院庭園		

旧石器時代にさかのぼる唯一の特別史跡として福井洞窟が加わります！

古写真が語る岩陰地形
直谷岩陰

Naoya
Rock Shelter

場所
長崎県佐世保市吉井町
直谷 1068 番地 1 ほか

規模
間口×奥行×庇高
18.5m × 3.7m × 4.7m

標高
70m

内裏山

直谷城跡

直谷岩陰

福井川←

地形ポイント

内裏山から伸びる段丘の先端
が、福井川に削られ、地名の
とおり、そそり立つ急崖地形
となっている。岩陰の前面に
広がりをもつ岩陰遺跡。

内裏山

直谷城跡

直谷岩陰

● 1960年ごろの直谷岩陰　遠景 （岡山理科大学博物館学芸員課程提供）

●現在の直谷岩陰

福井川水系に作られた岩陰地形

直谷岩陰は、福井洞窟の第1次調査の際に、周辺の遺跡調査として間壁忠彦氏と高橋護氏により発見された岩陰遺跡である。

当時の古写真からも内裏山から派生する段丘面の先端に岩陰があり、沖積低地が広がる水田とは10m近い標高差があることが周辺の建物などからもわかる。福井洞窟と同じく、福井川の河川争奪に伴って川の水位が段々と下がるなかで、川が周囲の岩体を削って岩陰の地形が作られている。

1960年（昭和35）と現在の写真を比較しても大きな地形の変化は少ない。砂岩の風化作用が少ない地点は、安定した場所であったことがよく理解できる。

近年倉敷考古館の所蔵資料が再整理され、各期にわたって福井洞窟との関係性が深い岩陰遺跡であることがわかっており、福井洞窟と並ぶ重要遺跡として注目されている。

（栁田裕三・伴　祐子）

●直谷岩陰 1960 年
ごろの調査の様子
（岡山理科大学博物館学
芸員課程提供）

●直谷岩陰の出土品
福井洞窟と同じように 1 万 5 千年
前の土器と細石刃石器群が一緒の
地層から出土。その下層には、旧
石器時代の尖頭器が出土している。
（倉敷考古館所蔵）

写真記録の考古学

近代考古学「写真のススメ」

　広辞苑において「写真」とは、「ありのままを写しとること。また、その写しとった像」とある。一般的には「カメラを用いて物体の像をフィルム上に記録したもの」、いわゆるフォトグラフである。わが国への写真技術の伝来は、薩摩藩の御用商人で蘭学者でもあった上野俊之丞がダゲレオタイプ写真機一式を招来したことに始まる。1848年（嘉永元）と言われている。その上野に学んだ下岡蓮杖と上野彦馬（俊之丞の四男）が営業写真家の草分けとなり、彼らやその門下たちが新しい文化の種を全国各地に蒔いたのである。

●近代日本考古学の父
濱田耕作
（岸和田市教育委員会提供）

　写真は考古学の調査や記録の方法においても重用され、濱田耕作は著書『通論考古学』（1922・大正11）の中で「写真、図畫等の及ばざる所を、文字を以て補足するの態度を取る可きなり」とし、物質的資料を研究の対象とする近代考古学の観点から、文書記録を主とし写真を補助的に使用するのは誤りで、それは古い学問であると断じた。そして「器械に拠る複製的記録中最も重要なるを写真となす。（略）従来図画に依る複製以外に、其の精確の度を加へ、製作の速度を増し、而かも費用を節すること幾何なるを知らず。（略）考古学研究史上に一大革命を将来せりと言ふも敢て過言に非ず。吾人は発掘の作業中、其の刻々破滅せられつつある遺跡の状態を写真によりて保存し、日夕座右に具へて研究する能はざる遠地の遺物、巨大微少の資料は之を写真に撮影拡大し縮小して、最も簡便に研究することを得可し。」と資料や記録の複製において、写真技術の向上に伴い費用が節約され、また簡便であると写真の有効性を説いている。

空からの考古学

　1931年（昭和6）、森本六爾は『飛行機と考古学』を著し、英国での気球の利用に始まる航空写真撮影技術を紹介した。そして、軍事的行為である敵地偵察から遺跡観察への転換を説き、「空からの考古学」の有効性を示した。森本は考古学的航空写真の嚆矢として1925年（大正14）秋に撮影された楽浪古墳、1926年の千葉県姥山貝塚での調査例をあげる。そして、各時代の遺跡の調査について具体的に観察点を示して飛行機の積極的な利用を主張し、将来への展望を試みた。空からの考古学という新しい研究方法の獲得が、考古学の現代性と将来性を鮮やかに象徴していると森本は熱く語るのである。

　その森本が描く考古学的航空写真の展望を実践したのは、末永雅雄である。大正初めに知人から古墳の航空写真を得て着想していたとされる。1930年、奈良県宮滝遺跡の調査に

おいて初めて、次いで1933年から実施された石舞台古墳の調査で飛行機を利用し、遺跡の景観、古墳の立地と墳形の実態解明に成果を得た。しかしながら、それまでの航空写真は陸軍航空隊や新聞社による撮影であり、研究者自らが観察し撮影したものではなかった。空から調査対象遺跡を自分の目で見ることを熱望していた末永の願いが叶うのは、1954年になってからである。末永はその後約20年

●撮影に向かう末永雅雄
（奈良県立橿原考古学研究所附属博物館提供）

間、奈良県内の諸古墳、百舌鳥・古市古墳群をはじめ全国の古墳を空から見続けた。津堂城山古墳（大阪府藤井寺市、全長432m、墳丘長約200m、4世紀末）においては周濠外に外堤である周堤帯が存在することを発見するなど、古墳の立地環境や築造方法の解明に大きな成果を挙げている。こうした成果は、『空から見た古墳』、『日本の古墳』、『古墳の航空大観』などの著書で公表されており、濱田や森本が提唱していた考古学調査技術の革新の一つとして、末永は航空考古学を確立した。

●末永による津堂城山古墳（左、1958年）と岩橋千塚古墳（右、1954年）の航空写真
（奈良県立橿原考古学研究所附属博物館提供）

写真は「まちの記憶」

　画像資料として残された記録（写真）を見る時、それは「ありのままのもの」「正しいもの」「真実である」という前提が近年のデジタル技術の発達により危うくなっていることは否めない。また、写真はあくまでも一瞬一瞥の情景であり、時間と空間の一部を切り取ったものであるとの認識も必要であろう。しかしながら1枚の写真に内包される情報は、単に撮影者が意図した被写体のみの情報に留まるものではない。切り取られた一瞬の情景ではあるが、そこには計り知れない情報が存在しており、その瞬間の「まちの記憶」がそこにある。

（石田成年）

縄文人が行き交った洞窟遺跡
橋川内洞窟

五蔵岳

韮岳

橋川内洞窟

地形ポイント

五蔵岳から派生するなだらかな段丘面の標高100mの位置で、北西に開口する。段丘の先端付近は、佐々川の中流域で低地と高地を分ける分岐点となっている。

大悲観岩陰

石橋
（平戸八景）

軽便鉄道跡

佐々川→

Hashikawauchi Cave

場所
長崎県佐世保市吉井町
橋川内 920 番地ほか

規模
間口×奥行×庇高
13m × 8m × 1.5m

標高
113m

橋川内洞窟

海幸、山幸の縄文洞窟

　佐々川中流域にある橋川内洞窟は、1970年（昭和45）に長崎大学の内藤芳篤氏により発掘された。主に、縄文時代早期と後期の遺構や遺物が発見されている。シカなどの骨を利用したヘラ状の骨角器や食べた貝類などの残骸もみられる。貝類は、カキやハイガイなどの干潟の岩礁に生息するものが多い。山間にありながら、海の幸にも恵まれていることがわかる。

　佐々川に沿って海に向かうと、その距離は15km。現在でも歩いて3時間はかかる。このころ、河口付近には、大悲観岩陰で同一時期の資料が出土している。当時の縄文人が川をつたって、河口近くの人々と山と海の産物を交換していたのかもしれない。

●長崎大学による橋川内洞窟の
　発掘調査の様子
雨だれラインから洞窟側の入口付近を調査し、大量の遺物が発見された。

北西に開口する洞窟遺跡

　橋川内洞窟は、ほかの洞窟と異なり北西向きに開口する。日当たりが悪く、湿気が多い。前面には小さな小川が流れていて、ひんやりとする。

　江戸期の頃だろうか、いつからか、仏像が多く安置されていて、現在も不動明王が祠られている。

　長期滞在の生活の場としては利用しにくい環境に見えるが、信仰や祭祀を行うには神聖な空気を感じさせる。

　洞窟の間口が大きな落石によりふさがれていて、外からは隠れた場所となることも、祭祀として利用しやすい環境だったのかもしれない。　　（栁田裕三）

◉杉林の中にひっそりとたたずむ橋川内洞窟（佐世保市指定史跡）

◉不動明王が祀られている橋川内洞窟　洞窟前面には落石が見える。

洞窟祭祀のはじまり
岩谷口第1・第2岩陰

椋呂路峠

上岩谷川←

岩谷口第1岩陰

**IWAYAGUCHI
Rock shelter**

場所
長崎県佐世保市世知原町
笥瀬源太1番地

第1岩陰／第2岩陰

規模
間口×奥行×庇高
12m × 2.5m × 4m ／ 22m × 10m × 7m

標高
85m ／ 89.5m

地形ポイント

佐々川（さざがわ）の河岸にある岩陰遺跡。河川により削られて見える岩体は、周辺からのメルクマールとなっている。

木浦原

岩谷口第2岩陰

佐々川→

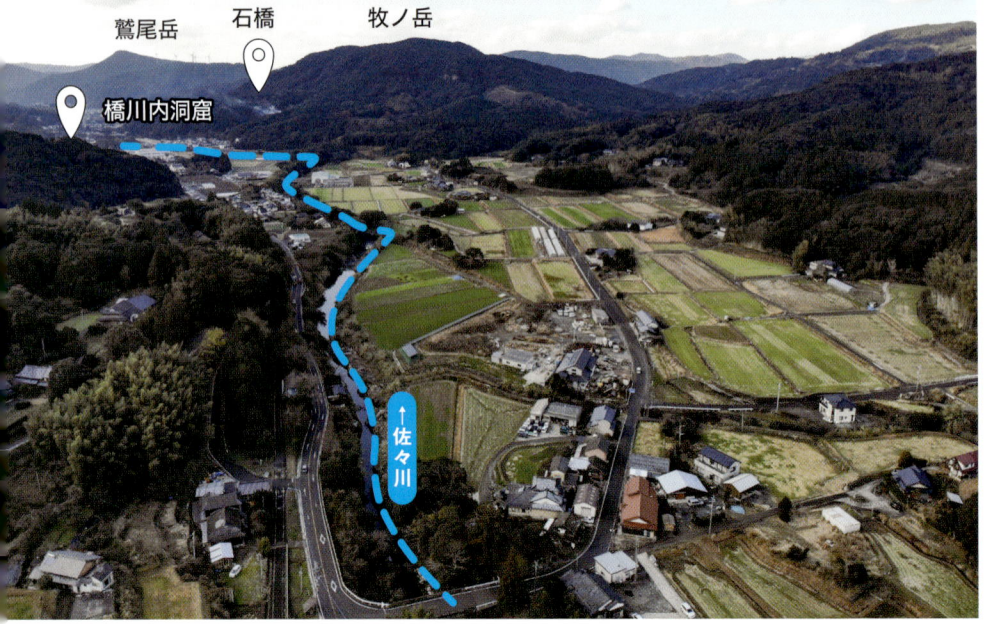

鷲尾岳　石橋　牧ノ岳

橋川内洞窟

↑佐々川

◉岩谷口岩陰の上空から佐々川下流域を望む

◉現在の岩谷口第2岩陰

石刃づくりの匠が残した洞窟遺跡

佐々川中流域にある岩谷口第1・2岩陰は1966年（昭和41）に（財）古代學協會により発掘された。第2岩陰は佐々川の河岸にあり、岩体が露出しているため、流域のメルクマールになっている。

佐々川と支流の上岩谷川に挟まれるようにして、段丘から舌状に西に向かって伸びる尾根の中に遺跡はある。両岩陰は200m離れた場所にあり、第1岩陰は沖積低地の岩陰前面に遺跡が広がるが、第2岩陰は岩陰のみに遺跡が残る。

どちらにも縄文時代後期初頭の土器とともに、大量の黒曜石石器が確認されている。いずれも鈴桶技法と呼ばれる石刃石器で、狩猟具や解体加工具の定形的な石器が多い。

◉**縄文時代の石刃石器**（岩谷口第2岩陰）
約4,000年前頃、腰岳産の黒曜石を使った石刃石器群で主に剝片鏃を作っている。

◉**古墳時代の内行花文鏡**（岩谷口第2岩陰）
鏡片が洞窟内部で発見され、祭祀に用いられたとみられる。（佐世保市指定有形文化財）

生活から祭祀、そして信仰の場へ

岩谷口第2岩陰では、古墳時代の地層から内行花文鏡が出土している。一方、土師器や石器類などの生活用具が見られない。打ち割った鏡片が出土していることからも、祭祀が行われたと考えられる。次第に洞窟が生活の場から信仰の場として、利用のあり方が変わっていったことが考えられる。

（栁田裕三）

川のほとりのキャンプサイト
石屋洞穴

Iwaya Cave

場所
長崎県佐世保市江迎町乱
橋 584 地先

規模
間口×奥行×庇高
5m × 8m × 10m

標高
35 m

西九州自動車道
（建設予定地）

山ノ田川→

平戸島

江迎湾

高岩

石屋洞穴

平戸往還

江迎川→

１万年前の洞窟遺跡

　西九州自動車道（松浦佐々道路）建設のため、2021・2022年度（令和3・4）に発掘調査が行われた。洞窟内では縄文時代早期を中心に前期初め頃までの炉跡を含む生活面が、2mの堆積層の中で合わせて7面見つかり、それに伴う330点超の石器剝片と6点の押型文土器片が出土した。炉跡は洞窟の開口部付近に位置し、その上に20cmほど自然に土が堆積した後にまた炉が形成されるといった互層となっている。洞窟の入り口で焚き火をしながら簡素な石器を作っていた縄文人の姿が想起され、このような洞窟の利用が繰り返されたと考えられる。

●炉跡と土器片
1万年前の地面が、火の熱でほんのりと赤茶けた色に焼けて残っている。

●出土遺物の一部

剝片

押型文土器片

繰り返し利用された狩猟キャンプサイトか

　出土した石器を見ると、洞窟のある谷筋を下った江迎川ですぐに採取できる福井川系安山岩で占められている。剝片が大多数で石核は極少数、また台石などの重たい石器は見られない。こうした遺物の特徴や洞窟内の狭さを考えると、3人程度が短期的に滞在するキャンプサイト的な使われ方がイメージされる。一方で、江迎川水系での洞窟遺跡の発掘事例はほかになく、拠点とした遺跡の存在等、未だ謎に包まれている。

（松元一浩）

◉石屋洞穴のある砂岩の岩壁

◉上からのぞいた石屋洞穴

◉洞穴内の調査の様子
洞穴の間口幅は狭く天井は高い。

埋葬と洞窟
岩下洞穴

相浦川河口

飯盛山

下本山岩陰

IWASHITA Cave

場所
長崎県佐世保市松瀬町
1385 番地 5

規模
間口×奥行×庇高
21m × 4.3m × 2.2m

標高
200m

> ## 地形ポイント
>
> 国見山系の石盛山から派生する標高 200 m の高地に岩下洞穴は位置する。緩やかな南向きの緩斜面にあり、山に海に眺望がきく。

岩下洞穴

段丘と地形の形成

　佐世保市の相浦川流域には、洞窟遺跡が数多く点在している。この流域には、7つの段丘面があり、段丘面に呼応するかたちで洞穴・岩陰地形が作られている。河川の浸食作用によるものと、その後の風化によるものが考えられる。標高200mの高地にある岩下洞穴は、更新世でも前半期に形成された可能性が高い。

●岩下洞穴発掘調査風景

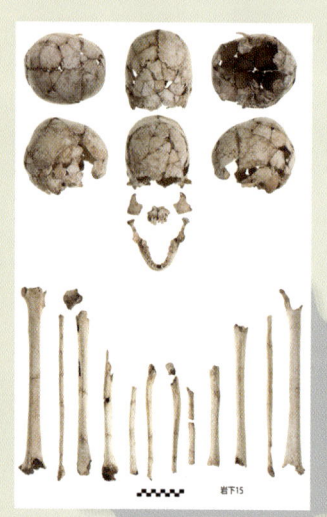

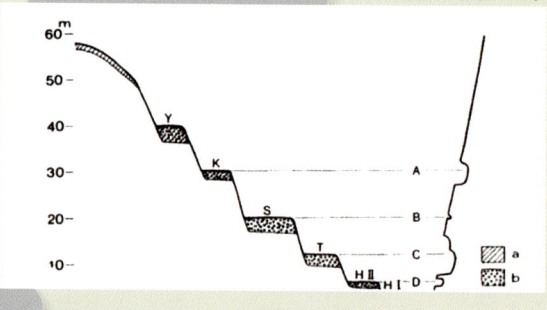

●段丘面と洞窟地形の関係（中村ほか 2022 より引用）
　高位段丘が古く、低位段丘が新しく形成された洞窟地形。Y に岩下洞穴、S に泉福寺洞窟、D より下に下本山岩陰が位置する。

●縄文時代早期の人骨（岩下洞穴 15 号人骨）
　縄文時代の人骨が 30 体近く発見された。華奢な体形で、そのほとんどが 10 代で亡くなるほど短命であった。

遊動から定住へ

　岩下洞穴の中心となる縄文時代早期では、30 体近い埋葬人骨が確認されている。また、狩猟具である石鏃（せきぞく）や解体加工具のスクレイパー類以外にも、移動に不向きな石皿や台石が多く見られ、土器保有率も縄文時代草創期より格段に増える。埋葬や遺物の組み合わせから定住的な様相をもつと推察されている。その周辺には、狩猟具や解体具を中心とするキャンプサイトが衛星的にみられ、当時のテリトリーや季節移動の生活スタイルが垣間見れる。

（栁田裕三）

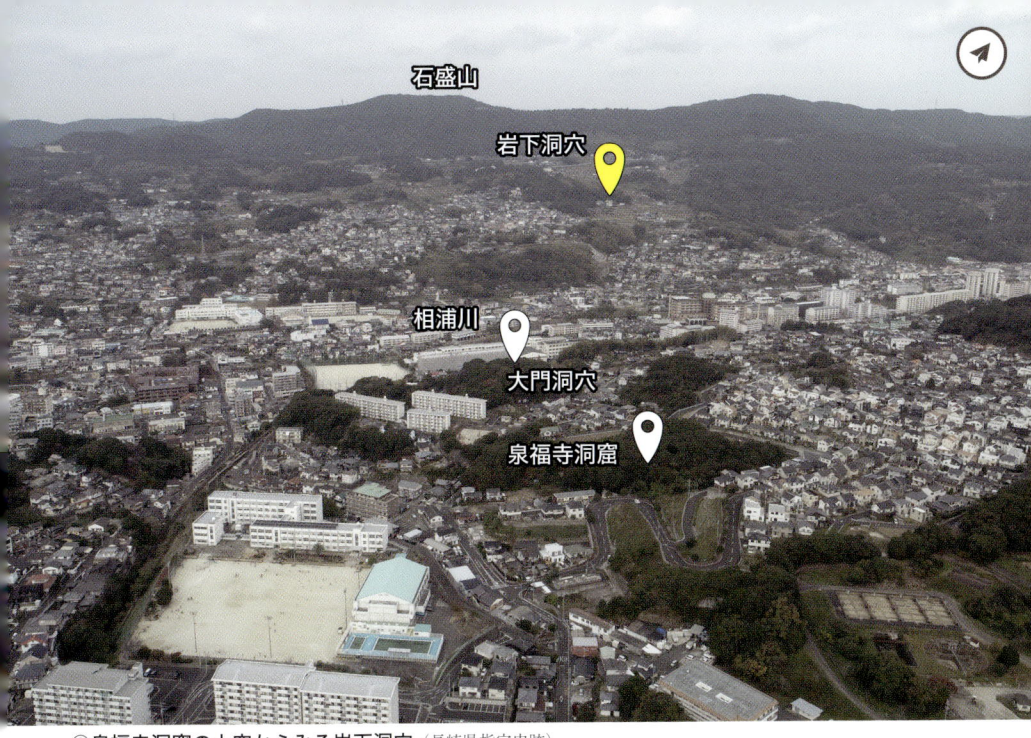

●泉福寺洞窟の上空からみる岩下洞穴 （長崎県指定史跡）

石盛山

岩下洞穴

相浦川

大門洞穴

泉福寺洞窟

●南西方向に開口する岩下洞穴　岩体の中心に亀裂がはしる。

岩下洞穴　　**43**

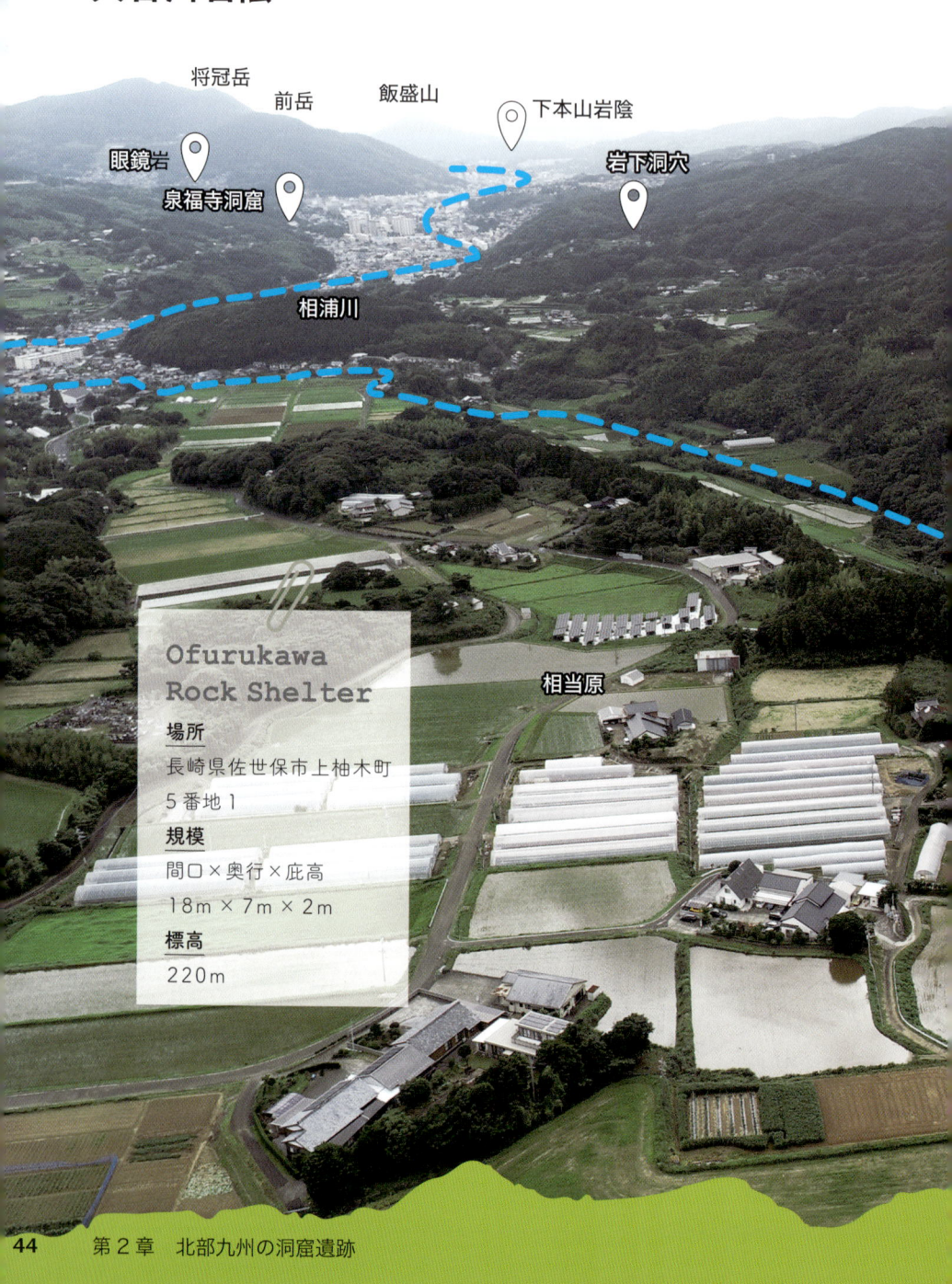

相浦川流域最上流の岩陰遺跡
大古川岩陰

将冠岳
前岳
飯盛山
下本山岩陰
眼鏡岩
岩下洞穴
泉福寺洞窟
相浦川
相当原

Ofurukawa Rock Shelter

場所
長崎県佐世保市上柚木町
5番地1

規模
間口×奥行×庇高
18m × 7m × 2m

標高
220m

地形ポイント

相浦川最上流に位置する岩陰遺跡。西北九州最高峰の国見山（標高776m）から派生する段丘の南向き斜面に遺跡はある。岩陰の対岸には、相当原の段丘面が広がり、段丘面の形成時に川の浸食により岩陰地形が作られたと考えられる。

半田川←

大古川岩陰

相当ダム

山間部の小さな岩陰

　大古川岩陰は、相浦川流域の標高220mに位置し、相浦川流域では最も高い山間部の岩陰遺跡である。岩陰の前面には、急峻な谷間に相浦川支流の半田川が流れていて、周辺洞窟遺跡と比べて小規模な崖地形である。

　岩陰は現在も日中、日が差し込み、風通しもよく、乾燥した状態でキャンプ地には最適であったと考えられる。

━━━ 5.0㎜

◉**集石遺構**（縄文時代前期）
集石遺構2基と炉1基が確認されている。集石の上には蓋をしたような大きな石がおかれていた。

◉**カワニナ**（上）**やカニ**（下）（縄文時代前期）
岩陰では骨片298点と貝類167点が見つかっている。

━━━ 5.0㎜

縄文人のキャンプサイト

　縄文時代早期末から前期を中心とする岩陰で、カワニナやカニのほか、イノシシなどの獣骨と共に集石遺構も同層で見つかっている。また、前期土器に付着した焦げを分析したところ、堅果類の C_3 植物の値が確認されている。川に生息する動植物を煮炊きする縄文人が想像される。

　縄文時代前期の相浦川流域では、2kmの領域を形成して遺跡が分布する。流域に沿って縄文人が行き交う中で、交易やキャンプ地として利用したのかもしれない。

（中原彰久）

国見山

相当ダム

大古川岩陰

◉**大古川岩陰の遠景** 　国見山から派生する緩やかな斜面に位置する。

◉発掘調査時の大古川岩陰

大古川岩陰

中四国の洞窟遺跡

神話のなかの洞窟

古今東西の洞窟には、しばしば人類の生活の痕跡が残されている。「空から見た洞窟遺跡」では佐世保市の事例をはじめ、九州各地の洞窟遺跡が紹介されているが、西日本一帯をみてみると、じつは中四国にも数多くの洞窟遺跡が確認できる。

中国地方の日本海側の海岸線には海蝕洞窟が発達しており、遺跡としては『出雲風土記』に記された「黄泉の穴」の比定地とされる国指定の史跡猪目洞窟遺跡や、中海へ続く境水道沿いにある史跡権現山洞窟遺跡などが知られている。

中国山地の洞窟遺跡

また秋吉台をはじめ帝釈台や阿哲台、四国カルストなど中四国は国内有数の石灰岩地帯を有しており、鍾乳洞や岩陰が無数に存在している。そのため広島県や岡山県では石灰岩地帯に洞窟遺跡が集中して見られ、なかでも史跡寄倉岩陰遺跡をはじめとする広島県の帝釈峡遺跡群は一部岡山県にまで及び、圧倒的な洞窟遺跡数を誇る。

四国の洞窟遺跡

瀬戸内海を挟んで四国では愛媛県の史跡上黒岩岩陰遺跡や穴神洞窟遺跡、高知県の史跡不動ガ岩屋洞窟、史跡龍河洞などの鍾乳洞の洞窟遺跡のほか、徳島県に加茂岩谷岩陰群や、古屋岩陰遺跡群などの岩陰遺跡が数多く分布している。

移りゆく洞窟の利用

これらの洞窟の利用は旧石器時代や縄文時代に遡るものが多いが、その後も断続的に利用されることもある。岡山県の権現谷岩陰遺跡は、縄文時代から近代まで山間部を往来する人々の宿泊施設や療養隔離施設として利用されてきた。

また現在まで信仰の対象とされている洞窟も多く、穴門山神社のように式内社に比定されていたり、産出する鍾乳石を薬として都に納めた記録が残っていたりする、少なくとも平安時代には中四国の洞窟が都にまで知られていたことがうかがえる。

現代の洞窟利用といえば観光地が一般的であるが、観光鍾乳洞として親しまれる龍河洞には、洞内に弥生時代の住居跡のほか鍾乳石で覆われていた土器がそのまま残されている。奇岩地形や鍾乳洞など大自然の妙をもとめて訪ねた景勝地で、思いもよらぬ歴史との出会いが待っているのも洞窟遺跡の魅力のひとつであろう。古来より人々が利用してきたこれら中四国の洞窟も、九州の洞窟遺跡同様いつか空から見てみたいものである。

（伴　祐子）

◉**穴門山神社**（岡山県指定文化財）

◉**権現谷岩陰遺跡**（岡山県、高梁市指定史跡）

立地と環境から見える岩陰の暮らし

白蛇山岩陰遺跡

地形ポイント

東には黒曜石原産地の腰岳が<ruby>腰岳<rt>こしだけ</rt></ruby>そびえ、北には波静かな伊万里湾を望む。国見山麓の裾野<ruby>国見山<rt>くにみやま</rt></ruby>にあたる標高100mに遺跡は位置する。

鷹島

白蛇山岩陰遺跡

寺田川→

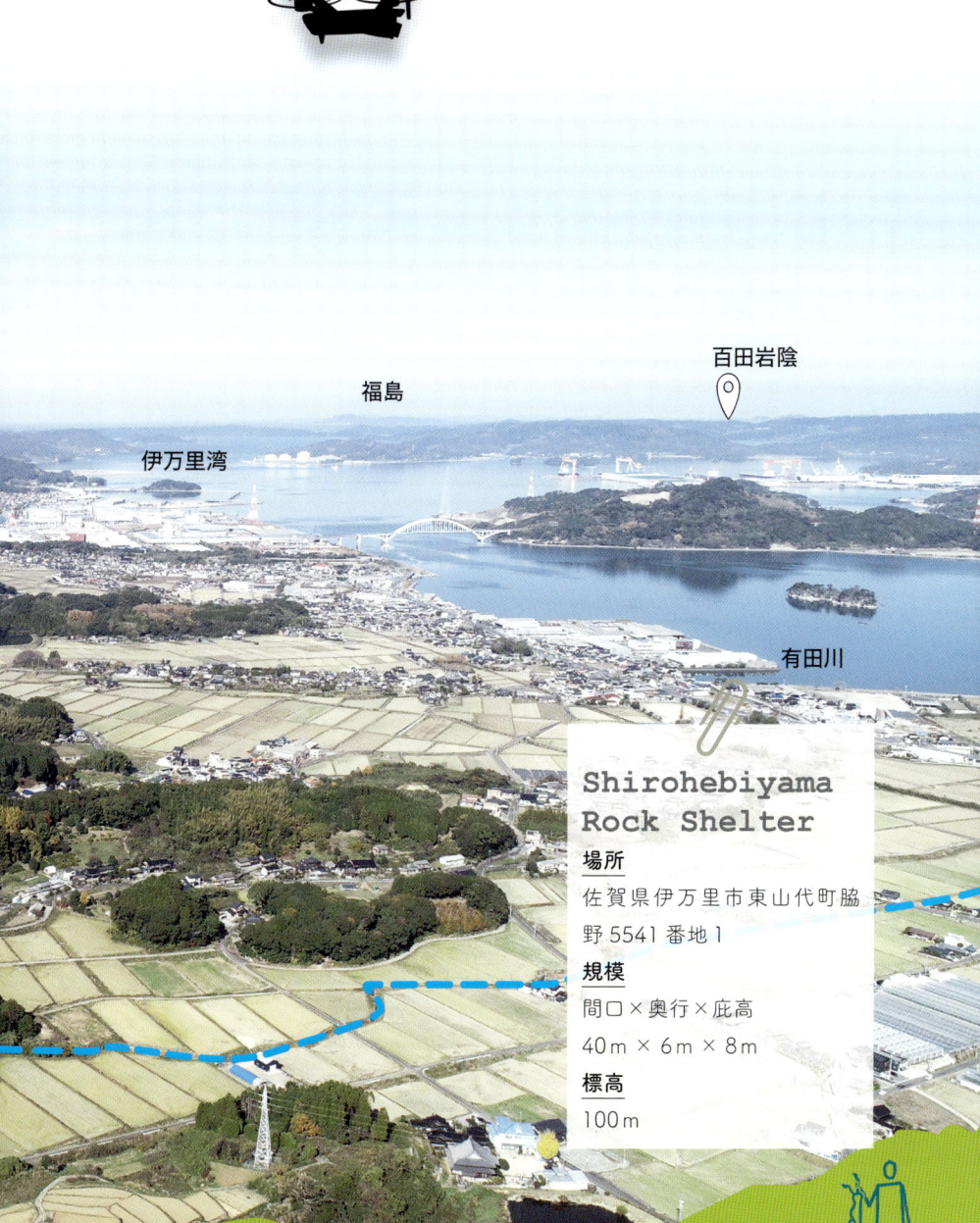

福島

伊万里湾

百田岩陰

有田川

Shirohebiyama Rock Shelter

場所
佐賀県伊万里市東山代町脇
野5541番地1

規模
間口×奥行×庇高
40m × 6m × 8m

標高
100m

岩陰の環境

　白蛇山岩陰遺跡は、国見山麓の標高約 100m に所在する旧石器時代から縄文時代までの岩陰遺跡である。岩陰の前面には清流が流れ、遺跡より低い下洞には湧水する岩陰もあり、生活にも適した場所と推察できる。

　また、中世には密教修験の道場であったことから、壁面に小さな仏龕（ぶつがん）が多数彫り込まれており、当時の面影を残している。周囲は大木に覆われ、木漏れ日が差し込む程度で、夏も冷やりとする静かな場所となっており、神秘的な空間を醸し出している。

●縄文時代前期の石斧 (佐賀県立博物館所蔵)
完成品で欠損がない約 4,000 年前の石斧。
岩陰に埋納されたかのように完成品で残りがよい。

●遺跡から大量に出土する
腰岳産黒曜石の剥片類 (佐賀県立博物館所蔵)
遺跡から 6km 圏内の近傍に腰岳があり、黒曜石を使って狩猟具を多く製作していた。

発掘から見える遺跡の特性

　1967 年（昭和 42 ）に行われた、盗人岩陰（ぬすっと）（佐賀県有田町）での発掘調査を契機に、翌年地元住民により発見され、佐賀県立博物館が主体となって二次に亘る、発掘調査が行われた。調査の結果、表土から基盤層まで約 3.5m 堆積し、13 層に分かれた。出土遺物は縄文土器と石器が各層ごとに時代をおって発見され、上層から下層にかけて、縄文時代晩期、中期、前期、早期、草創期の土器と石器が、最下層の 13 層からは、細石刃のみが出土し、旧石器時代終末期まで遺跡が遡ることがわかった。このように遺跡が長年人々の生活の場として利用されていた。それは、遠望の利く立地や水場、利器となる黒曜石産地（腰岳）の近隣に位置するなど、岩陰が住居として最適な地であったからと推測できる。

（野田千輝）

腰岳

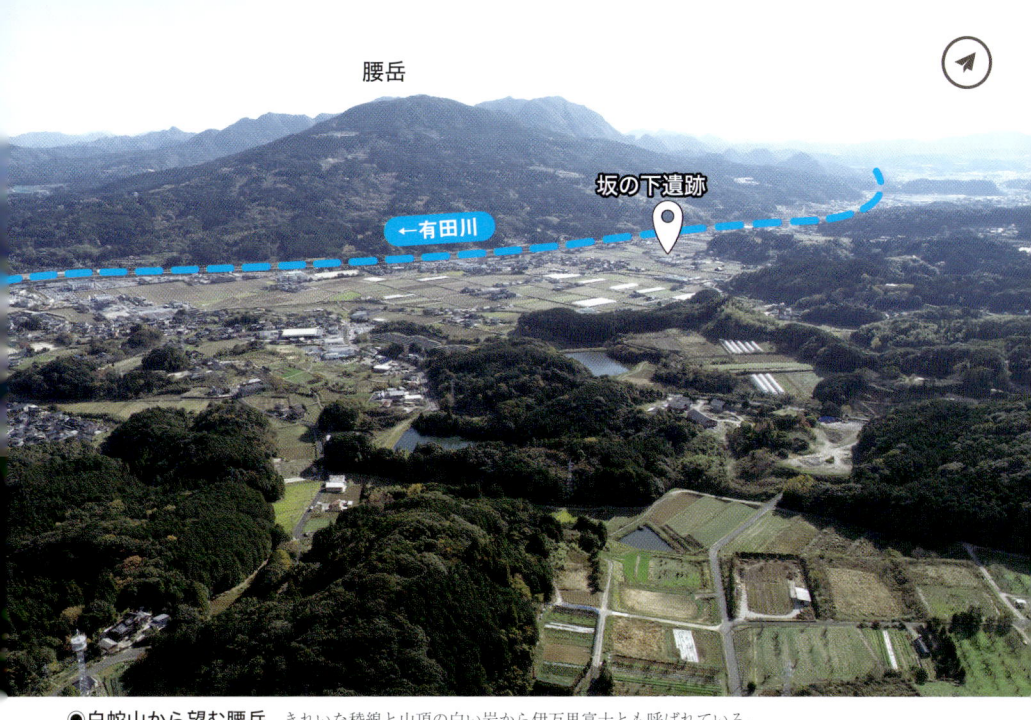

坂の下遺跡

←有田川

◉白蛇山から望む腰岳　きれいな稜線と山頂の白い岩から伊万里富士とも呼ばれている。

◉東南方向に開口する岩陰（佐賀県指定史跡）　周辺には室町時代まで遡る摩崖仏などが彫られている。

白蛇山岩陰遺跡　　53

国境の峠に位置する洞窟遺跡
盗人岩陰

八天岳

Nusutto Rock Shelter

場所
佐賀県有田町山本字
岳乙 4793-315 地内

規模
間口×奥行×庇高
12m× 6m× 5.2m

標高
約 360m

地形ポイント

国見山系の中尾岳の山中、標高約 360ｍ に位置する。砂岩が風化して開口した比較的小規模な洞窟遺跡である。

国見山

国見湖畔公園

国見道路

盗人岩陰

盗人岩陰　　　55

佐賀県で最初に発見された洞窟遺跡

　発掘調査が行われた 1967 年（昭和 42）当時、佐賀県内でも縄文時代の遺跡の調査が小規模ではあったが行われていた。西有田町（現：有田町）でも以前より遺物、とくに石器の散布が多量に確認されており、腰岳から産出する黒曜石が容易に確保できる地の利があった。また調査の契機となった伊万里市の平沢良遺跡や鈴桶遺跡から近接していることや、石器と多量の土器が出土した坂の下遺跡の発見から、遺跡が広範囲にわたって分布している可能性が高いことが知られていた。そこで目を付けたのが、県内でも他に例がない山腹に位置する洞窟遺跡として重要視されていた盗人岩陰（中尾岳洞穴）遺跡である。

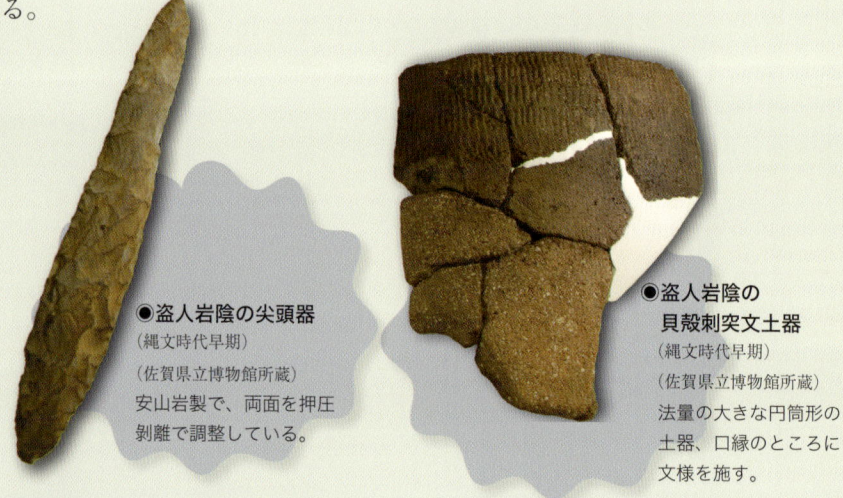

●盗人岩陰の尖頭器
（縄文時代早期）
（佐賀県立博物館所蔵）
安山岩製で、両面を押圧剝離で調整している。

●盗人岩陰の
　貝殻刺突文土器
（縄文時代早期）
（佐賀県立博物館所蔵）
法量の大きな円筒形の土器、口縁のところに文様を施す。

出土遺物から見えたもの

　1967 年の夏に行われた調査の結果、表土から基盤層まで 6 層あり、そのうち 3 層、4AB 層、5 層で遺物が見つかった。各層の遺物は、3 層から黒曜石の縦長剝片や剝片鏃が阿高系土器片を伴って出土し、3 層下半では半磨製石鏃と轟式土器片が出土した。4A 層からは半磨製石鏃や小型石刃に伴って押型文土器が出土し、4B 層からは安山岩製の尖頭器に貝殻刺突文土器が出土している。5 層からは石槍と共に隆起線文土器が出土している。

　縄文時代草創期から後期まで、各層の道具の組成がわかる希少な遺跡であり、今後の比較研究に期待したい。

（伊達惇一朗）

平沢良遺跡　鈴桶遺跡　百田岩陰　腰岳

伊万里湾　白蛇山岩陰遺跡

←有田川

●盗人岩陰の上空付近から伊万里湾を望む

●現在の盗人岩陰

棚田に囲まれた風光明媚な岩陰遺跡
百田岩陰遺跡

百田岩陰

Hyakuta
Rock Shelter

場所
佐賀県唐津市肥前町大字
瓜ヶ坂字百田 1420 番地

規模
間口×奥行×庇高
21m × 5.5m × 3.3m

標高
42m

伊万里湾

地形ポイント

遺跡がある岩陰は、第三紀層の砂岩の露頭部分が風化作用によって形成された地形で、周辺にはこのような岩陰が点在する。

百田岩陰遺跡

伊万里湾を臨む岩陰遺跡

　佐賀県北西部に位置する唐津市の西部地域は、標高100〜150ｍの通称、上場台地と呼ばれる溶岩台地が広がる。

　この上場台地は旧石器・縄文時代の遺跡の宝庫で、小河川が開析した谷部縁辺の低丘陵地に、磯道遺跡をはじめとする数多くの遺跡が立地している。

　百田岩陰遺跡は、伊万里湾を臨む台地の中腹に位置し、南に向かって開口している。現在、遺跡がある岩陰は樹木に覆われており、空からその姿を確認することはできないが、岩陰から萌黄色の棚田を経て海へと至っている。

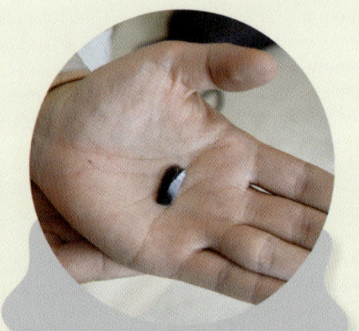

●細石刃（佐賀県立博物館所蔵）
旧石器時代終末期の資料も数点見つかっている。

●縄文時代後晩期の土器
（佐賀県立博物館所蔵）
九州では集落遺跡が多く見つかる時期に、
洞窟遺跡を利用していた希少な事例。

海辺に生きた縄文人

　1977・1978年（昭和52・53）に佐賀県立博物館が、主体となって発掘調査が行われた。石器等の遺物が岩陰の東側で多く出土していることから、岩陰のなかでも奥行が比較的浅い、日当たりの良い場所を主に利用していたと考えられる。

　この調査は唐津市における岩陰遺跡の調査として唯一の事例で、2001年（平成13）には肥前町史跡（合併後は唐津市）に指定されている。

　この百田岩陰遺跡から伊万里湾までの直線距離はおよそ500ｍで、往時は岩陰から伊万里湾を望むことができただろう。海辺に生きた縄文人の姿に思いを馳せることができる。

（鮎川和樹）

●百田岩陰を望む風景

●現在の百田岩陰 （唐津市指定史跡）

百田岩陰遺跡

◉浅茅湾上空から見た景観

Column

対馬の遺跡立地と博物館

地理

　対馬は九州最北の島である。朝鮮半島と九州との間にあり、朝鮮半島まで約50km、福岡まで約130kmの距離に位置する。東シナ海と日本海の境界にあたり、対馬海峡東水道と対馬海峡西水道に東西を囲まれる。南北約82km、東西約18kmで面積は708.65km²。島が多く存在する長崎県で、最大の面積を誇る。全国では沖縄本島と択捉島、国後島を除くと、佐渡島と奄美大島に次ぐ大きさである。緯度は大阪から和歌山付近に相当する。対馬暖流とリマン海流の影響を受け、寒暖差が比較的穏やかな海洋性の気候である。

地形

　陸地の89％が山林で，標高300〜500m級が主である。200m級は40峰超あり、最高峰は648.5mの矢立山。500m級のうち5峰が南部に分布し、478mの御嶽が北部に所在する。溺れ谷が作るリアス海岸が全島に発達しており、複雑な浦と無数の岬が海岸線を作っている。海岸長は915kmに及ぶ。谷間の川は比較的短く、後背に急峻な山が控える。断崖が海に没し、岩礁と玉石の海浜部が伸びる。浦奥の山間にある平野は狭隘で、広範な平野は一部しかない。

地 質

対州層群という海成層堆積岩が各地に露頭する。泥岩と砂岩・泥岩互層が主となっており、砂岩、礫質砂岩・礫岩、火山砕屑岩、斜長斑岩、石英斑岩、流紋岩、粗粒玄武岩、花崗岩類（黒雲母花崗岩）など火成岩類が貫入する。島の南部ではホルンフェルス化した熱変成岩が分布している。対州層群を構成する砂岩や泥岩、頁岩は発達した節理に沿って容易に板状に剥離する。剥離した石は風化作用に弱く、細かく粉砕されていく。島全域において大半の土壌は堆積したこの風化土で構成されている。

遺跡立地

対馬で確認されている 333 の遺跡の大半が埋葬址である。出入りの激しい、複雑な浦々に突出した岬の先端に近い尾根上に築かれている。埋葬施設は石棺墓が主流で、隣島の壱岐では多く見られる甕棺墓はごくわずかしかない。弥生時代から古墳時代にかけて造営され、集団墓を形成する。15 基ほどしかないいわゆる高塚墳も河川流域で海を臨む位置にあり、岬に群を形成する根曽古墳群のような遺跡も存在する。弥生時代から古墳時代に生きた対馬の人々が、社会的に海を意識していた状況が推測される。

対馬博物館

島内各地の遺跡から出土した遺物をはじめ、中世や近世の歴史資料のほか、昆虫標本、美術品などの資料を展示する対馬博物館が 2022 年（令和 4）4 月 30 日に開館した。対馬市厳原町の市街地南部に、中世から近世にかけて島を治めた宗氏が築城した特別史跡金石城跡があるが、その一角に建っている。対馬の歴史、芸術、民俗、自然を扱う、対馬初の本格的な総合博物館である。「対馬を伝え、交わりを生み、つないでいく」をコンセプトとし、「モノ・ヒト・コトのつながるところ」をキャッチフレーズに掲げる。特色ある資料、対馬そのものを、市民をはじめとする多くの人に周知し、理解を進め、物、人、事が交わり、つながりを生む場となることを目指している。 　　　　　　　　（尾上博一）

●尾根上に所在する遺跡（椎ノ浦遺跡）

●対馬博物館　全景

縄文時代の多様な埋葬方法
枌洞穴

青の洞門

山国川 →

```
Hegi Cave
```

場所
大分県中津市本耶馬渓町
大字今行

規模
間口×奥行×庇高
11m × 9m × 6m

標高
60m

地形ポイント

中津市のシンボルである八面山の南麓に位置する洞穴。火山性砕屑岩の急崖が浸食され形成されたもので南に向かって開口し、開口部から直線距離約50m先に山国川の支流・屋形川が流れる。枌洞穴から川沿いを下ると周防灘まで約26kmある。

周防灘

八面山

枌洞穴

屋形川←

枌洞穴

68 体の縄文人骨が出土した洞窟遺跡

枌洞穴は、1970 年（昭和 45）に別府大学の学生により発見された縄文時代の洞窟遺跡である。

1974～1982 年の間に、別府大学・長崎大学・本耶馬渓町教育委員会が 8 回にわたり合同調査を行った結果、縄文時代早期から後期にかけて 68 体の埋葬人骨が出土した。様々な埋葬方法が確認され、埋葬観念を通して縄文人の精神思想が追える、考古学・人類学にとって重要な遺跡として、1990 年（平成 2）に大分県指定史跡となった。

●合葬墓（枌洞穴 7・8 号人骨）
後期の女性 2 体の合葬墓。右側が 7 号で左腕に貝輪を着けていた。

●屈葬（枌洞穴 59 号人骨）
早期の男性人骨。幼児の骨も一緒に出土した。

枌洞穴に葬られた人々

狭い洞穴内では、長い年月の間に何度も埋葬が行われたため骨が散乱し、一部の骨しか残っていない例も多くある。成人は 44 体（男性 23 体・女性 21 体）、胎児から小児までは 19 体を数え、うち性別・年代・埋葬状態がわかるものは 27 体である。妊娠中に死亡したと推測できる貝輪を着けた壮年女性骨や、骨折の治癒痕のある男性骨など、人骨の‘様相’は様々である。

彼らは、断体、合葬、抱石、覆石などの埋葬方法で葬られており、当時の死者に対する精神思想が推測できる。

（衛藤美紀・丸山利枝）

◉発見当初の枌洞穴

◉現在の枌洞穴（大分県指定史跡）

石灰岩層に形成された地形と遺跡
小半鍾乳洞と前高洞穴

Maedaka Cave

場所
大分県佐伯市本匠大字因尾

規模
間口×奥行×庇高
4m × 13m × 6m

標高
78m

前高洞穴

冠岳

至：佐伯市内

轟ノ滝

小半鍾乳洞

Onagara Limestone Cave

場所

大分県佐伯市本匠大字小半

規模

間口×総延長

2 m × 1750m

標高

81m

番匠川→

地形ポイント

大分県南部には長大な石灰岩層が分布している。番匠川（ばんじょうがわ）流域では、石灰岩の侵食により大小の洞窟や鍾乳洞（しょうにゅうどう）が形成され、利用されてきた。

佐伯の鍾乳洞と洞窟遺跡

　大分県南部には、北東－南西方向に幅約2km、長さ約30kmにわたって分布する古生代後期の石灰岩層がある。佐伯市本匠地域では、番匠川水系や地下水の浸食作用によって形成された、いくつもの洞窟を見ることができる。

　石灰岩層に形成された洞窟は、地下水に溶けだした炭酸カルシウムが再結晶して鍾乳石が発達し、鍾乳洞となるものもある。多くの鍾乳洞が知られるなかで、小半鍾乳洞はその代表である。高さ約70mに及ぶ巨大な岩壁に開口し、鍾乳石が成長後に地殻変動で斜めに倒れた「斜柱石」をはじめ、豊富な鍾乳石や石筍が数々の神秘的な景観を作り出している。

　洞窟遺跡としては、前高洞穴が挙げられる。入口部分の発掘調査で縄文時代早期・後期・晩期の土器・石器・貝製品のほか、食料となったであろう動物骨・魚骨・貝類が出土した。中でも魚や貝は海産のものが大半を占め、縄文時代においても、約20km離れた海岸部と

●前高洞穴のある岸壁と前高大明神

の交流が暮らしを支えていたことを物語る。さらに、洞窟が開口する石灰岩の岩壁は白い屏風のようにそそり立ち、その眼前を流れる番匠川と相まって、厳かで力強い空間を創り出している。この岩壁を背にして鎌倉時代に創建されたと伝わる前高大明神は、今も地域の信仰を集めている。

　中世には、急斜面の洞窟が戦に使われることもあった。戦国時代末期の島津氏の豊後侵攻時に、地元農民たちが囲が岳洞穴に籠って応戦し、その一隊を撃退したと伝えられている。近世以降に洞窟の積極的な利用は見られないが、石灰岩層に形成された鍾乳洞や数々の景勝地は、訪れた人に自然への畏敬の念を抱かせ、今でも地域の誇りとなっている。

（福田　聡）

◉**小半鍾乳洞**（国指定天然記念物）**の内部** 2024 年 9 月現在、落石のため入洞道禁止措置がとられている。

◉**前高大明神の天井絵**

小半鍾乳洞と前高洞穴

砂岩洞窟のなりたち

地形的にみた佐世保市の洞窟遺跡の分布

　長崎県佐世保市に分布する砂岩の分布域には、福井洞窟をはじめ、複数の洞窟・岩陰遺跡が知られており、旧石器時代以降の多くの遺物が見いだされている。これらの洞窟・岩陰遺跡は、主に砂岩の急崖に開口しており、その断面が、ほぼ水平方向に延びた細長い溝状の凹地（地形学では「ノッチ」と呼ぶ）の形態をなすものが多い（◉1）。これらの洞窟・岩陰遺跡をもたらした洞窟地形の分布と形状について、地質学・地形学の点からまとめた。

ノッチ

◉1　直谷岩陰の近景
（現地踏査、奥に長崎大学長岡信治教授）

　佐世保地域には36ヵ所の洞窟遺跡が確認されている。それらの形成場所の地形的特徴は、次の5タイプに分けられる（◉2）。
　①海に直接面した海食崖（例：牟牛崎洞穴）、②沖積低地に面した丘陵の基部（例：直谷岩陰、下本山岩陰）、③河川沿いの急崖側部（例：福井洞窟）、④丘陵斜面（例：岩下洞穴、泉福寺洞窟、橋川内洞窟、龍神洞穴）、(5) 丘陵頂部（例：大悲観岩陰）、に分けられる。
　これらの分布位置から洞窟の形成プロセスを考えると、①の海食崖は、暴浪時の強い波浪による侵食（海食）が、②〜③の沖積低地・河川沿いの場合、河川の側方侵食（側刻）が、それぞれ関与すると考えられる。しかしながら、④と⑤の丘陵斜面・頂部の場合、河川の側刻ではその成因が説明できない。
　一方、海食や河川の側刻が及ばない山地・丘陵斜面において、ノッチ状の地形がしばしば分布することが地形学分野では以前から知られている。
　これらのノッチ状地形の形成には、岩石表面に塩類の結晶が析出・成長することで発生する結晶成長圧力が、岩石表面を破壊して穴が開き、拡大していくという「塩類風化」

タイプ① 海に直接面した海食崖（牽牛崎洞穴）

タイプ② 沖積低地に面した丘陵の基部
　　　　（下本山岩陰）

タイプ③ 河川沿いの急崖側部（福井洞窟）

タイプ④ 丘陵斜面（岩下洞穴）

タイプ⑤ 丘陵頂部（大悲観岩陰）

◉2　洞窟・岩陰遺跡の5つの地形的特徴

が関与していると考えられている。塩類風化を引き起こす塩類の供給源としては、海水飛沫に由来する海塩（ハライト：$NaCl$）のほか、岩石中に元から含まれている硫酸塩鉱物（FeS_2：黄鉄鉱など）が、水と酸素の多い地表環境下で進行しやすい酸化分解が関与していると考えられている。

　したがって、海水飛沫が多く達する①の海食崖の場合も、波浪による海食に加えて、塩類風化が作用している可能性が高い。また、②〜③の場合も、河川による側刻に加えて、塩類風化が関与していると考えられる。とくに、流水による侵食が働かない④と⑤の場合には、塩類風化が主因となって形成されたと考えざるを得ない。なお、塩害を引き起こす程度の海塩を含む海水飛沫は、台風などの暴浪時には、沿岸から5〜10km内陸まで達しうるとの測定結果もあり、日常的に海水飛沫を受けることが塩類風化の進行にとって必須ではない。

福井洞窟の形状の特徴

　旧石器時代までさかのぼる、佐世保地域の代表的な遺跡である福井洞窟が開口する急崖に露出する岩石は、明灰色を呈する中粒〜細粒砂岩であり、風化部では褐色化している。この砂岩は佐世保層群福井層（新第三系中新統）に属するもので、堆積当時は大河川の三角州のような環境下で堆積したものである。

　洞窟の形状は水平方向に細長く伸びたノッチ状である（◉3）。ノッチが開口する砂岩の急崖は、佐世保市北部を流れる福井川沿いにあり、河床と洞窟開口部との標高の差は10m未満である。北北西−南南東に延びる福井川沿いの急崖は、基本的には福井川の下刻によるものである。

　洞窟の下面は、トレンチ掘削後の埋め戻し土などからなるため平坦である。洞窟の奥の壁はほぼ鉛直であり、岩盤上下部へ連続する節理面（岩盤中の規則的な割れ目）である。洞窟は比較的直線的な箱形を呈するとともに、全体として水平に伸びた凹部を形成しており、ノッチ状を呈する。

　洞窟開口部分には葉理（地層の微細な縞々）が発達した砂岩が分布し、洞窟より上方のオーバーハング部分には塊状をなす砂岩が分布する。

◉3　福井洞窟

　したがって、福井洞窟は、福井川の側刻によって急崖表面に自然に溝状の凹地が開口してその原型が形成され、福井川の河床が侵食によってさらに低下してノッチ部分に流水が達しなくなった後は、主として塩類風化が進行し、洞窟がしだいに拡大したものと考えられる。

　また、発掘調査によって、最大で約6mに達する堆積物によって洞窟内が埋積されてきたことが判明しており、洞窟内外から多量の土砂が、天井の落盤や洞窟上方からの落石、さらには洞窟側方の地すべりなどに伴って洞窟内に堆積し、数万年かけて凹部が埋められつつ、その上に人類の活動の痕跡が刻まれてきたことになる。　　　　　（西山賢一）

◉4　上空より見た福井洞窟（前面に福井川）

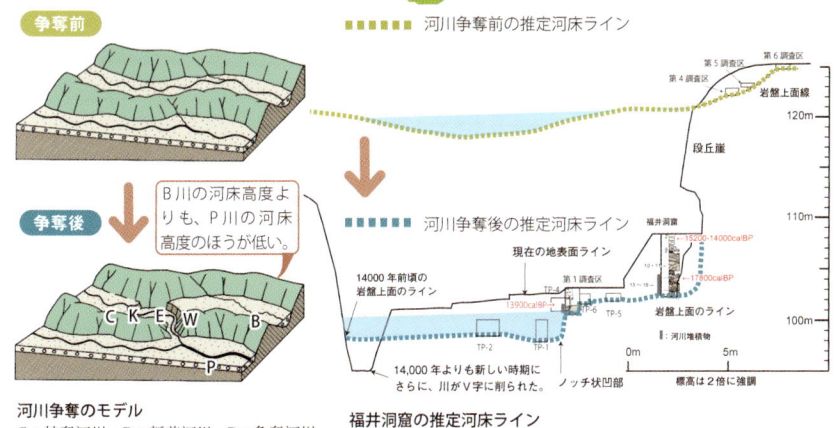

争奪前

河川争奪前の推定河床ライン

B川の河床高度よりも、P川の河床高度のほうが低い。

争奪後

河川争奪後の推定河床ライン

現在の地表面ライン

14000年前頃の岩盤上面のライン

14,000年よりも新しい時期にさらに、川がV字に削られた。

第5調査区　第6調査区
第4調査区
岩盤上面線
120m

段丘崖

福井洞窟
110m

15200-14000calBP

17800calBP

第1調査区

13900calBP

岩盤上面のライン
100m

河川堆積物

0m　　5m
標高は2倍に強調

ノッチ状凹部

河井洞窟の推定河床ライン

河川争奪のモデル
C：被奪河川　B：斬首河川　P：争奪河川
E：争奪の肘　W：風隙　K：遷急点

◉5　福井川の侵食による洞窟地形の形成（西山2022より転載）
　　河川争奪に伴い河床面が下がり洞窟地形がつくられた（18頁参照）。

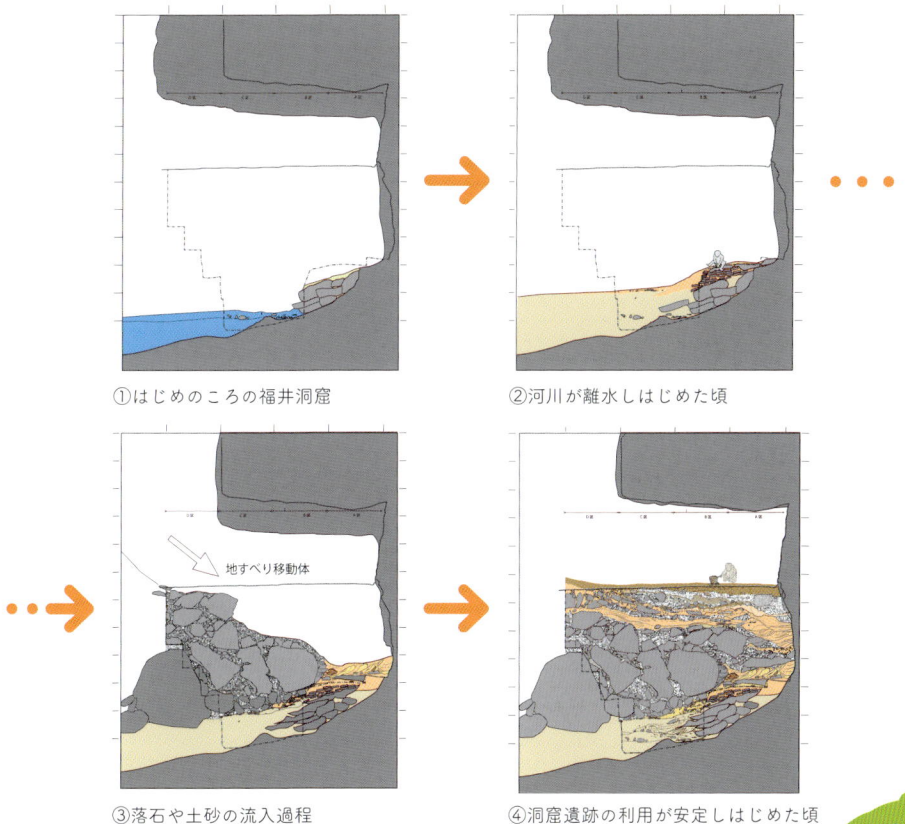

①はじめのころの福井洞窟

②河川が離水しはじめた頃

地すべり移動体

③落石や土砂の流入過程

④洞窟遺跡の利用が安定しはじめた頃

◉6　福井洞窟の形成過程（佐世保市教育委員会2016より作成）

第3章 空から見た奇岩地形

1 藩主が愛でた八つの風景

　佐世保市を含む長崎県北部は、江戸時代に「平戸藩」に属し、戦国時代の領主である平戸松浦氏が引き続き大名として統治していくこととなった。江戸時代中・後期には、全国的な文化隆盛に呼応するように、藩内に伊能忠敬、吉田松陰、司馬江漢らの識人が訪れている。さらに、藩主自ら文化・芸能を奨励する時期であり、第9代藩主の松浦清（静山）（1760〜1841）は世情や社会風俗、他藩や旗本に関する逸話等を収めた随筆集『甲子夜話』を記している。

　このように文化・芸能の高まりの中、第10代藩主松浦熈（観中）は、長崎勤番の際に往来した平戸往還の周辺に点在する8ヵ所の風景地を選び、1847年（弘化4）に『平戸領地方八竒勝』と名付けた。島嶼以外の本土の陸地である「地方」の中から、特定の8つの風景地（「髙巌」「潜龍水」「石橋」「大悲観」「眼鏡石」「巌屋宮」「福石山」「潮之目」）を選んで作品に描かせた目的は、平戸領内の主要街道沿いに在りながらも、知られることなく埋もれていた独特の風景地を顕彰することにあった。これら8つの独特の風景地は、近代以降に「平戸八景」として広く知れわたるようになった。

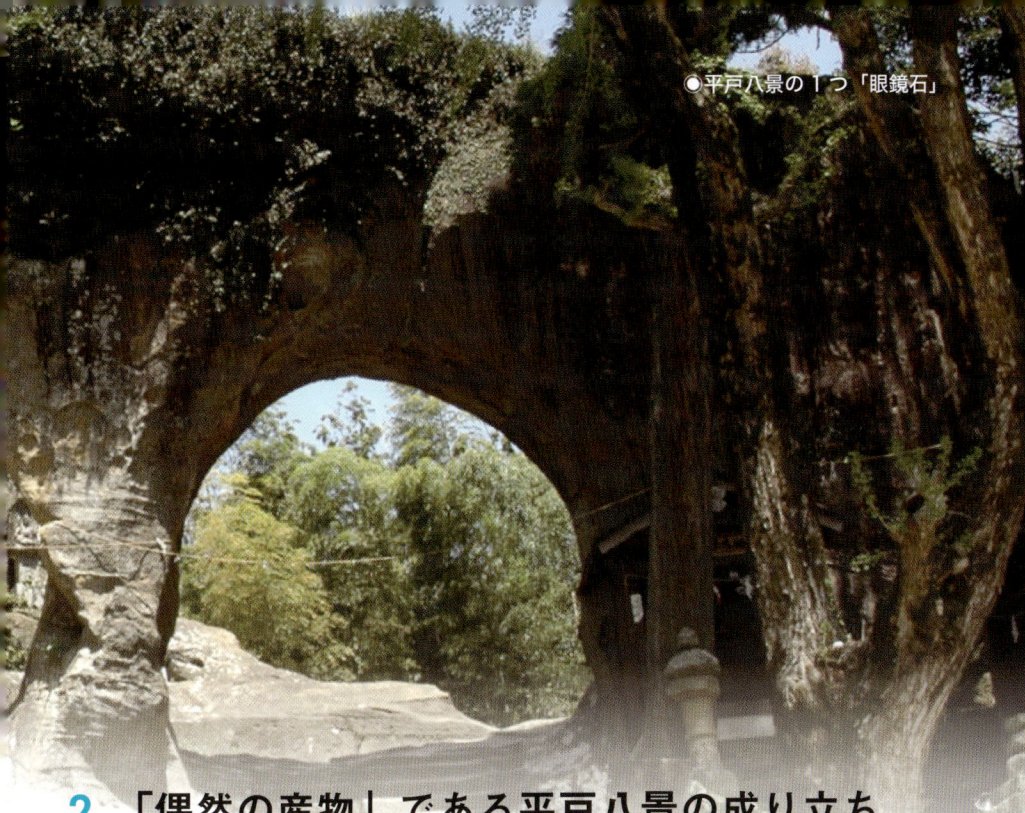

2 「偶然の産物」である平戸八景の成り立ち

　「八景」は古代中国で生まれた風景評価で14世紀に日本に伝播し、18～19世紀に国内で爆発的に広がる。その後に西洋の風景評価が加味されることにより大きく変貌し、「平戸八景」のような地域の名所や名勝と結びつくことなり、現在までに全国で1,100ヵ所を超える八景が選定されている。

　中でも、この「平戸八景」は、大規模な地殻変動により隆起、露出した地形が、長年の風雨潮流の影響などにより造形された偶然の産物であり、時には人工芸術を超える自然アートとして評価される。平戸藩主が往来した平戸往還の周辺に点在する8つに風景地は、漢詩・絵図を通じて『平戸領地方八奇勝』を構成する一体の風致景観として確立し、近世から近代にかけて「平戸八景」の呼称の下に多くの旅行者や行楽・参詣に人々が訪れる名所へと発展した。この悠久の自然現象で刻まれた平戸八景は、これからも時を経るとともに形を変え、歴史を見続けていくことだろう。まさに、この形状の平戸八景を眺めることができる「今」に喜びを感じ、長崎県北域の地形地質の特徴を示す「偶然の産物」を鳥瞰していただきたい。

3　平戸八景に関わった人々

『平戸八景』の選定・刊行に関与した3名について紹介しよう。

まず、平戸藩内にある風景地を選定し、『平戸八景』の刊行を企画した松浦熙（観中、1791〜1867）は、第9代藩主清（静山）の三男として平戸で生まれ、家督相続するまで江戸で過ごしている。長兄が廃嫡、次兄は早世により、15歳の若さで家督相続した。熙は書に秀でており、江迎本陣の螺鈿細工「枕水舎」（県指定文化財）や「雄香公遺蹟碑文」「松浦静山・観中自筆の屏風二双」（ともに市指定文化財）のほか、藩内各地に置文や和歌を残している。

次に、8ヵ所を実際に巡り、各々に作画と詩文を付した澤渡廣繁（1808〜1885）は、本名は紀広繁といい、京都で生まれた。京都四条烏丸東洞院に住み「茂吉」と名乗り、その他別号として「精斎」「清斉」「竹居」とも称した。叔父の紀広成や江戸時代後期の文人書画・儒家の巨匠に数えられる貫名海屋に師事し、後年に詩文や書に優れたことから神前に捧げる供物を司る内

●平戸藩10代藩主松浦熙肖像画（個人蔵）

●澤渡廣繁の墓碑

◉江迎本陣の螺鈿細工「枕水舎」（個人蔵）

蔵寮の役人である内蔵寮史生となり近江大掾（朝廷の官位のうちの最高位）に任じられ、従六位下に叙せられた。

　最後に、表装（木製）に題字を揮毫した貫名海屋（1778〜1863）は、阿波（徳島県）で生まれ、名は「苞」、字は「子善」、晩年は「菘翁」と号した。

　江戸時代の書家であるが、元々は中国の古い時代の書蹟のうち、保存・鑑賞・学書用に供するために仕立てられた古法帖を研究し唐風書道の第一人者とされ、画人としても著名である。江戸時代末期には三筆にも数えられた。

　このように『平戸領地方八奇勝』は、刊行に関与した3名の業績によって、現

◉平戸領地方八奇勝図の表装

代の日本人に対する鑑賞上の価値および学術上の価値が高く、2015年（平成27）に国指定文化財（名勝）に指定された。

（松尾秀昭）

79

●平戸八景と位置

一 髙巌（高岩）

二 潜龍水（潜龍ヶ滝）

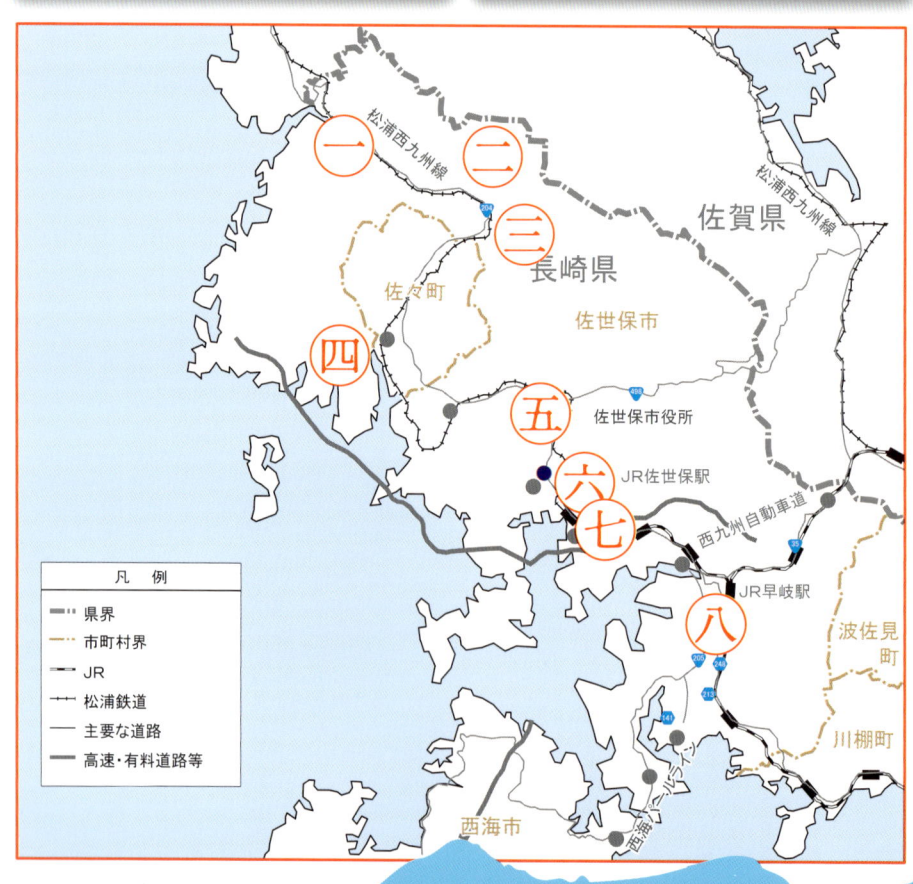

石橋（御橋観音）　　　　 大悲観（大文字）

五 眼鏡石（眼鏡岩）　　　　六 巌屋宮（須佐神社）

七 福石山（羅漢窟）　　　　八 潮之目（早岐瀬戸）

＊（　）は別称。

国指定名勝・平戸領地方八奇勝
奇跡のアーチ橋
眼鏡石と石橋

前岳

眼鏡石

地形ポイント

眼鏡石の基盤をなす砂岩帯は、海底にあった堆積物が隆起し、風化などの侵食作用により貫通したものと考えられる。

←相浦川

Glasses Rock

場所
長崎県佐世保市瀬戸越

規模
高さ×幅×厚さ
10m × 20m × 6m
左穴直径 8m
右穴直径 5m

標高
約100m

洞窟地形のなれの果て～眼鏡石～

眼鏡石は、前岳（標高317m）から派生する尾根筋にあり、基盤となる第三紀層砂岩（柚木層群）からなる。岩体にはカキ類が含まれ、海砂が堆積し、隆起したと考えられる。その後、風化により現在の姿になったと考えられている。

眼鏡石の柱の形状は、近隣の史跡泉福寺洞窟の第1洞と第2洞に瓜二つで、泉福寺洞窟の奥壁側がなくなり貫通した状態がまさに眼鏡石である。

眼鏡石は、平戸八景の選定前から佐世保の鬼伝説や弘法大師が訪れた伝承もあり、明治時代においても、軍港時代にも「佐世保の名所」として挙げられ、臨済宗僧知門由来の不動尊信仰が今も続けられている。

●史跡・泉福寺洞窟の第10次調査の様子
第1洞と第2洞の柱の形状が、眼鏡石と同じ。
同様の風化過程を経たと考えられる。

●石橋・御橋観音
平行した二重橋状を呈する。長さ約30m、幅5mを測る。

石橋～御橋観音～

市内には、眼鏡石以外にも同じ橋の形状をしている場所がいくつかある。中でも大規模な形状のものが、佐々川流域にある石橋・御橋観音である。御橋観音は砂岩層のなかでも福井層群に覆われており、石炭を含む岩体が板状に剥離して庇の屋根部分のみが残っている。

平戸八景の絵図には、地上からの高さ18mの橋の上を渡る人々も描かれており、行き交う人々の興味をそそったことだろう。

御橋観音は、行基の伝説や平戸藩主からの参拝の令がしかれるほどの平戸藩の信仰を得た土地であり、眼鏡石同様の名所としても名高い。　（中原彰久）

◉裏側からみた眼鏡石

坂ノ岳

石橋

御橋観音寺

◉石橋（御橋観音）を南から望む　真言宗智山派石橋山御橋観音寺があり、行基が開山したとされる。

国指定名勝・平戸領地方八竒勝
洞窟に残る信仰の世界
巌屋宮と福石山

地形ポイント

現在は市街地に覆われているが、元々は烏帽子岳から派生する丘陵の一部に形成されている。佐世保湾に面し、昔はこの近くまで海が広がっていたといわれている。

将冠岳

前岳

眼鏡石

巌屋宮

福石山

Fukuishi
mountain

場所
長崎県佐世保市福石町

規模
間口×奥行×庇高
60m × 5m × 4m

標高
約40m

烏帽子岳

巌屋宮〜伊万里まで続くと伝えられた「穴妙見」〜

　須佐神社の拝殿に隠された巌屋宮。この地域を含む市街地の大部分は、第三紀層の堆積岩が発達しており、その中でも最も古い時代の相浦層で覆われている。また、巌屋宮は「穴妙見」とも呼ばれており、神殿でありながら自然の洞窟地形をなしている。砂岩が風化などの浸食によって洞穴地形が形成されており、間口約5.4m、奥行10.8mとなっている。

　太平洋戦争時、市内に多くの防空壕が造営されていたが、この巌屋宮は防空壕として利用はなく、神域として今なお残されている。

●巌屋宮の古写真
本堂が建立される前の貴重な写真。現在は洞窟内部を外から見ることができない。

●大正時代の福石山
旧海軍時代の『佐世保付近名勝古墳概説』に掲載され、水兵は必ず引率され参拝した。

福石山の「羅漢窟」と龍神洞穴

　福石山は、行基を追慕して安置した五百体の仏像を安置したことから五百羅漢または「羅漢窟」とも呼ばれ、清岩寺境内地の西端に位置する。斜面地の中腹に位置しているが、元々は佐世保湾に面し、洞窟近くまで浅海が展開していたと考えられている。

　佐世保に36ヵ所ある洞窟遺跡にも数えられており、洞窟直下に「竜神池」と呼ばれる池があったことから、「龍神洞穴」とも呼ばれている。一部は発掘調査を実施しており、平安時代末期〜鎌倉時代の土師器や須恵器が出土している。さらに、炉跡や滑石製石錘も発見されており、祭祀や漁労のための一時的な居住地として利用されたと考えられている。

（鐘ケ江樹）

◉**巌屋宮**　須佐神社の奥に洞窟地形があり、御神体が安置されている。

◉**現在の福石山**　60mと長大な開口部。平面形は三日月形を呈する。

巌屋宮と福石山　89

水流と地形が織り成す景色

平戸八景　潜龍水

平戸八景のうち、水流と地形が作り出した独特な風景地として「潜龍水」と「潮之目」があげられる。「潜龍水」は佐世保市吉井町草ノ尾にある滝で、当地は国内最大級の玄武岩の溶岩台地であり、玄武岩の谷間に江迎川が流れ、この景観を形成している。滝の高さは約20m、滝壺の深さは約6m、古くから神龍が潜んでいたという伝説を残す神秘的な場所である。

◉潜龍水で滝行を行う白装束の女性

◉現在の平戸八景「潜龍水」（国指定名勝）

白岳　　　　　　　玄界灘

◉江迎川の上流に位置する潜龍の滝

●現在の平戸八景「潮之目」（国指定名勝）
観潮橋の下で激しい潮流を利用して、ロディオカヤックを楽しむ人々。

平戸八景　潮之目

　「潮之目」は、佐世保市早岐2丁目と同市有福町の早岐瀬戸に位置する。当該地は砂岩地形であったと考えられるが、人為的に突き出した土地が増築され、現在の早岐瀬戸の幅は約10mとなっている。大村湾は針尾瀬戸と早岐瀬戸の2ヵ所のみが外洋に通じているため、潮の干満差が大きく、大村湾から佐世保湾へ海水が流れる過程で早岐瀬戸に海水が押し寄せ、潮の激流と潮の音が発生し、突き出しから至近距離で潮の激流が観察できる。

　潮之目は古くは713年（和銅6）の『肥前国風土記』に速来門と記録が残り、江戸時代の平戸八景「潮之目」では、「潮の進退は時に勢いよく水が集まり、怒った滝のようになる。（中略）激しく砕けて水が逆巻き、白雪を噴き出す。たちまち雷がほとばしり、また龍が勢いよく踊りあがるようである。」とあり、現在でも昔の記述と変わらない「潮之目」の景観を現地で体感することができる。

歴史を物語る平戸八景の風景

　安土桃山時代、交通の要衝であった早岐では、漁師や農民らが山海の幸を持ち寄って物々交換したのをきっかけに、「市」が開かれたといわれる。江戸時代末期から明治にかけては600隻もの船が集結し、九州の茶の相場は早岐で決まると言われるほどだった。歴史を引き継いだ早岐茶市は、今でも活気に溢れている。また近年では、この早岐瀬戸の潮の流れを利用したロディオカヤックが新たなアクティビティとして催されている。（溝上隼弘）

●早岐茶市の様子

国指定名勝・耶馬渓〈競秀峰の景〉
青の洞門

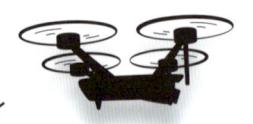

AO no Domon

場所
大分県中津市本耶馬渓町
大字曽木、大字樋田

規模
全景
約 350m

標高
55m

青の洞門

山国川 ←

地形ポイント

中津市の山間地域の大部分は名勝耶馬渓に指定されており、競秀峰の景は名勝耶馬渓を代表する景の一つである。扮洞穴と同じく火山性砕屑岩から成っており、約570〜390万年前に堆積した英彦山火山岩類を山国川が長い年月をかけ浸食して現在の奇岩奇勝を作り出した。

耶馬渓の奇岩奇峰

　名勝耶馬渓は3市2町に及ぶ広大な範囲の中で、とくに渓山、峡谷、高原において岩石美に優れた66の地域が指定されている。うち中津市では49ヵ所が指定されており、全国の「○○耶馬」の元祖である。耶馬渓の奇岩奇峰は、複数回にわたる火山活動に伴う噴出物が堆積し形成した台地が河川によって開析されたもので、場所によって異なる景観を魅せる。

●競秀峰の景内の岩陰

禅海和尚が掘った日本初の有料道路

　競秀峰の岩壁裾の一部には、江戸時代に長い年月をかけ掘りぬいた青の洞門（県指定史跡）が通る。諸国巡礼中に当地に立ち寄った禅海和尚が、競秀峰の岩壁を渡る人々が滑落死するのを哀れに思い手掘りで掘削した隧道で、工期途中から通行料を徴収しそのお金で石工を雇い開通させた。この実話は、菊池寛の『恩讐の彼方に』のモデルにもなり中津を代表する景勝地となった。また、探勝道が整備されているため軽登山スポットとしても人気である。

（衞藤美紀）

◉競秀峰の景　陣の岩から望む景色

◉崖に沿ってつくられた探勝道

佐世保湾

烏帽子岳

第4章

空から見た洞窟遺跡

1　無人機 (UAV) の飛行レベル

　2021年（令和3）6月公布の「航空法等の一部を改正する法律」（令和3年法律第65号）では、UAV（いわゆるドローン）の機体認証・型式認証制度及び操縦者技能証明制度等が設けられたことで、レベル4飛行（有人地帯上空での目視外飛行及び自律飛行）を実現し、人口集中地区（第3者）の上空を飛行する荷物輸送が可能となるように制度整備が進められ、将来のUAV活用の道が拓かれた。

　筆者は、2017年から文化財・文化遺産（洞窟遺跡を含む）のUAVによる空撮を国内外で展開してきた。本書の第2章及び第3章で取り上げた洞窟遺跡及び奇岩地形に関しては、手動操作による目視内飛行（補助者あり）、すなわち、レベル1飛行による空撮を実施している。ほとんどの洞窟遺跡は、山間部の無人地帯に立地しており、「人口集中地区の上空」や「空港等の周辺」が撮影のための空域とならず、また、「人又は物件と距離を確保できない飛行」を行う必要がなかったからである。

九十九島　弓張岳　将冠岳

2　洞窟遺跡の立地と無人機の飛行態様と空域

　しかしながら、本書で取り上げる九州の洞窟遺跡及び奇岩地形のうち、佐世保市域での空撮に関しては、米海軍佐世保基地・海上自衛隊佐世保基地・海上保安庁佐世保保安部が立地している。また、佐世保市中心部、早岐、相浦の市街地は、「人口集中地区の上空」（図１赤色の範囲）に該当し、佐世保市東部には、長崎空港を発着する航空機の安全を確保する空間である進入表面等の区域（制限表面・図１緑色の範囲）があり、他地域と比較して、広範囲にわたる特定飛行に該当する空域が含まれている。

　そのため、空撮にあたっては、立入管理措置（無人航空機の飛行経路下において、第三者（無人航空機を飛行させる者及びこれを補助する者以外の者）の立入りを制限すること）を執ることが現実的でないとおり、第一種機体認証及び一等操縦者技能証明を取得した上で「カテゴリーⅢ（許可・承認申請が必要な飛行）」を実施することを検討する必要があった。

国土交通省が運用するUAV情報基盤システムを照会すると、佐世保市域の洞窟遺跡及び奇岩地形（平戸領地方八奇勝）に関しては、天神洞穴、大門洞穴、潮之目（早岐瀬戸）、福石山（福石観音清岩寺）、巌屋宮（須佐神社）が「人口密集地区の上空」の範囲に該当していた。

　これらの周辺では、基地及び防衛関連施設周辺のUAVの飛行が禁止され、広範囲にわたって、陸域・水域に制限区域が設けられているとおり、特定飛行の許可を申請したとしても承認を得ることが難しいと考えられた。

　そのため、特定飛行に該当する飛行を実施しない「カテゴリーⅠ（許可・承認申請が不要な飛行）」の範疇、すなわち、図1赤色の範囲及び図1緑色の範囲の外縁からアプローチし、特定飛行に該当する空域に進入しないような飛行計画を策定することにした。

　しかしながら、佐世保市域では、人口集中地区（図1赤色の範囲）等を除く空域であっても、UAVの飛行中に頻繁に電波干渉が生じた。そのため、電波の伝搬のよい遠望可能な眺望下であっても、2.4Ghz帯8kmを上限とするUAVの伝送距離能力を活かす飛行が難しいという事情もあった。

　幸いなことに、佐世保市中心部を見渡すことができる烏帽子岳、弓張岳の山頂付近は、制限空域に含まれず、また、「山頂付近の標高＋飛行高度」という比高差を活かし、焦点距離166㎜（35㎜判換算）の望遠カメラとコンバージョンレンズを搭載したUAVを使用することで、長距離からの近景観を確保することが可能となり、松瀬町以北の空域から大門洞穴、高梨町以北の空域から天神洞窟・福石山・巌屋宮を捉えることができた。

3　無人機の空から何が見えるのか

　洞窟遺跡が生活の舞台となった旧石器・縄文時代では、人類の遊動的な行動の中で、利用可能な洞窟が見い出された。当時の人類にとっての洞窟は、狩猟・採集・生産などの彼らの生活を構成する多様な空間と関係付けられ、形象的な名称で呼び習わされてきた山などのランドマークを道標とし、道のりの険しさや時間距離などの、感覚的な空間把握が行われていた。

　しかし、住宅や森林などで地表面が覆われ、現在の眺望の中に、河川や段丘崖などの当時の景観要素を認めることが難しい状況になっている。

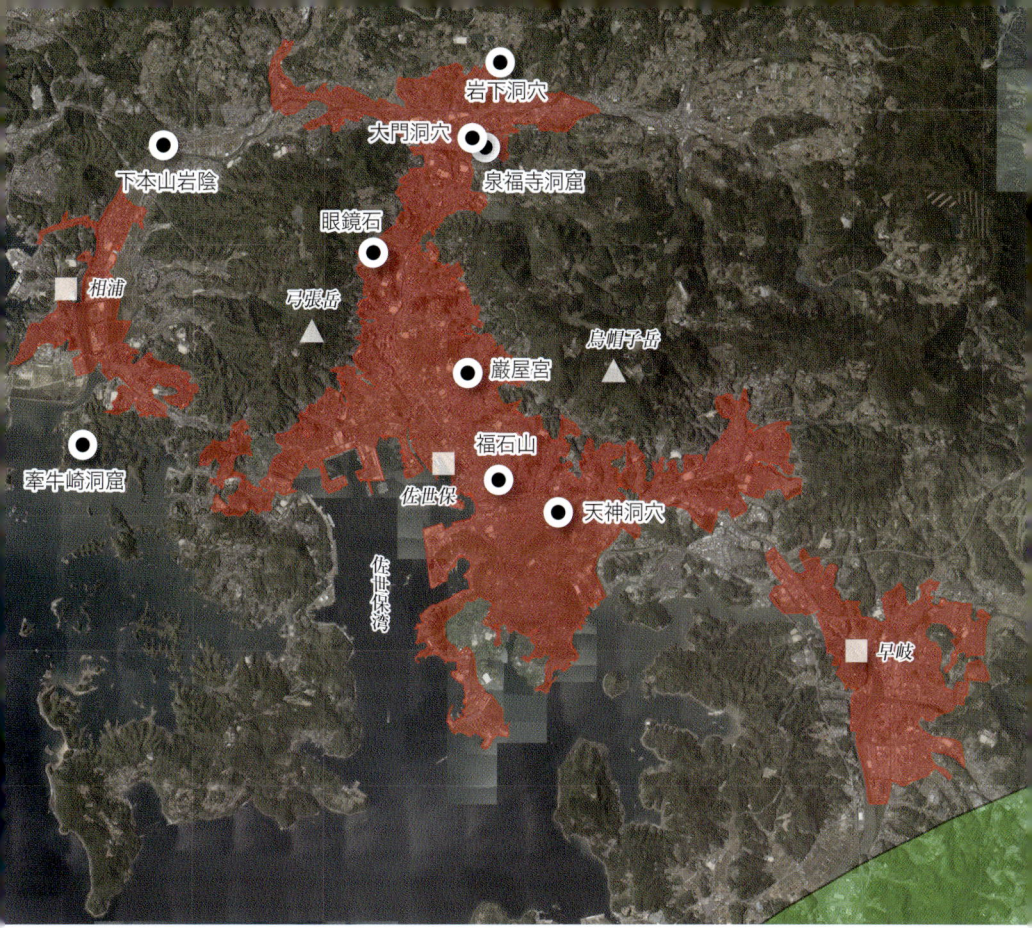

図1　佐世保市中心部の空域と洞窟遺跡・奇岩地形の位置 （Drone Flight Navi https://droneflightnavi.jp/map/）

　また、洞窟遺跡間の関係は、水系を紐帯とする川筋モデル、河川の本支流が合流する落合モデル、峠を越えて水系が接続する谷合（あるいは谷間）モデルなどのように、地理・地形的条件に大きく規制されていたと考えられる。

　そのため、今回の空撮では、洞窟遺跡の全景と周辺の景観を撮影することを主眼としながら、これに加えて、洞窟眼下の河川や谷筋の対岸に UAV を移動させ、最大飛行高度である離陸地点からの地上高 120 m 以下から俯瞰し、①対岸からの眺望、②川下から谷合方向の眺望、③谷合から川下方向の景観を取得した。これらの画像上では、河川の流路を線表記し、他の洞窟遺跡の位置や山などのランドマークをプロットし、洞窟、河川、段丘、峠、既知の洞窟遺跡などとの立体的な関係を認識できるように努めた。（徳澤啓一）

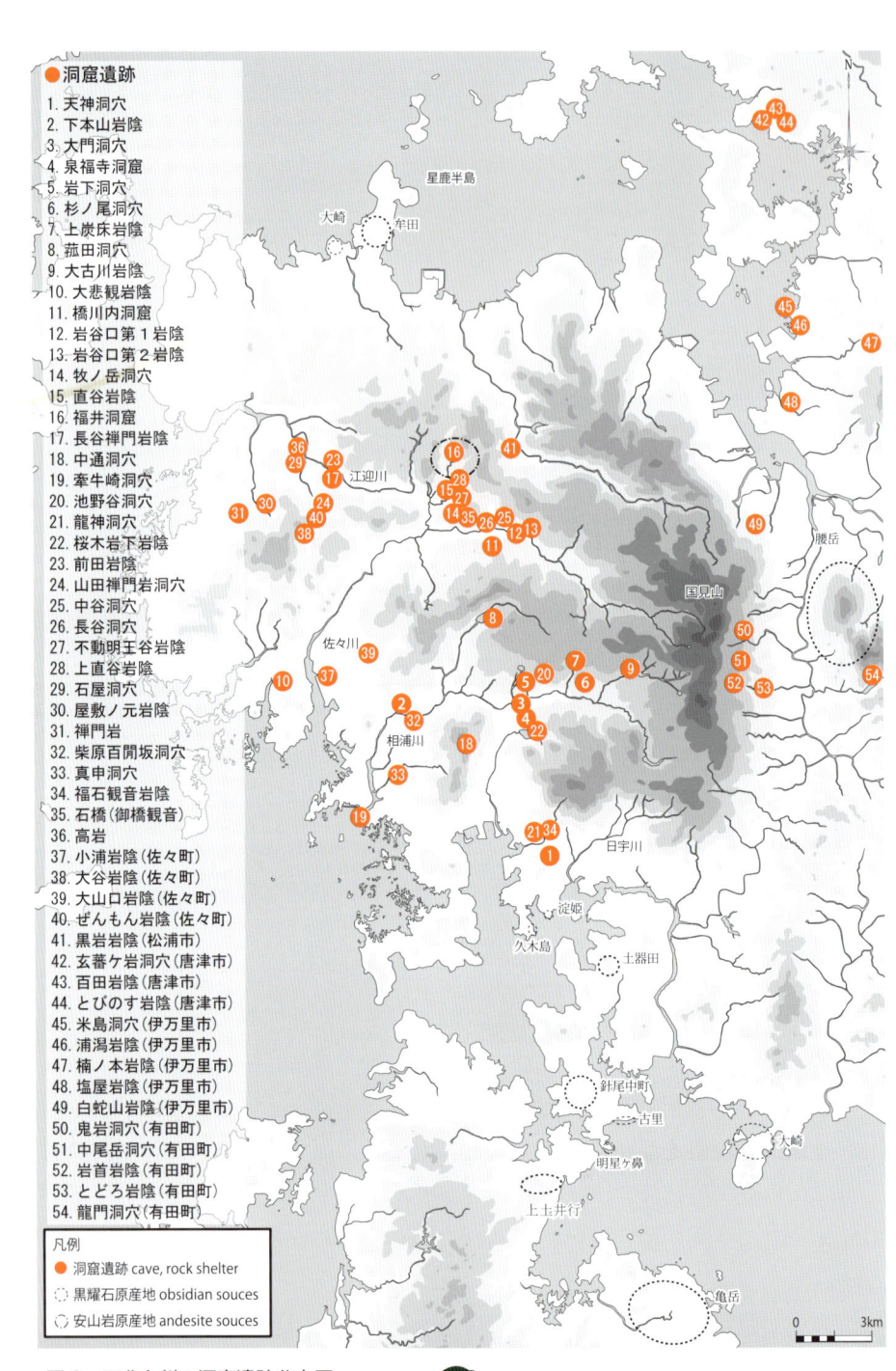

凡例

● 洞窟遺跡 cave, rock shelter

◌ 黒耀石原産地 obsidian souces

◯ 安山岩原産地 andesite souces

● 洞窟遺跡

1. 天神洞穴
2. 下本山岩陰
3. 大門洞穴
4. 泉福寺洞窟
5. 岩下洞穴
6. 杉ノ尾洞穴
7. 上炭床岩陰
8. 菰田洞穴
9. 大古川岩陰
10. 大悲観岩陰
11. 橋川内洞窟
12. 岩谷口第1岩陰
13. 岩谷口第2岩陰
14. 牧ノ岳洞穴
15. 直谷岩陰
16. 福井洞窟
17. 長谷禅門岩陰
18. 中通洞穴
19. 牽牛崎洞穴
20. 池野谷洞穴
21. 龍神洞穴
22. 桜木岩下岩陰
23. 前田岩陰
24. 山田禅門岩洞穴
25. 中谷洞穴
26. 長谷洞穴
27. 不動明王谷岩陰
28. 上直谷岩陰
29. 石屋洞穴
30. 屋敷ノ元岩陰
31. 禅門岩
32. 柴原百間坂洞穴
33. 真申洞穴
34. 福石観音岩陰
35. 石橋(御橋観音)
36. 高岩
37. 小浦岩陰(佐々町)
38. 大谷岩陰(佐々町)
39. 大山口岩陰(佐々町)
40. ぜんもん岩陰(佐々町)
41. 黒岩岩陰(松浦市)
42. 玄蕃ケ岩洞穴(唐津市)
43. 百田岩陰(唐津市)
44. とびのす岩陰(唐津市)
45. 米島洞穴(伊万里市)
46. 浦潟岩陰(伊万里市)
47. 楠ノ本岩陰(伊万里市)
48. 塩屋岩陰(伊万里市)
49. 白蛇山岩陰(伊万里市)
50. 鬼岩洞穴(有田町)
51. 中尾岳洞穴(有田町)
52. 岩首岩陰(有田町)
53. とどろ岩陰(有田町)
54. 龍門洞穴(有田町)

図2　西北九州の洞窟遺跡分布図

4 鳥の目で遺跡を望む

　九州は、海に囲まれた小さな島でありながら、九州山脈を中心に東西南北とさまざまな地形をおりなしている。その地形はどのようにして作られたのか、どうして昔の人々にとって利用される場所だったのか、そうした視点で遺跡を眺める時、空から地形を望むことで、そのヒントを手繰りよせられる。

　それは、鳥の目のように上空から眺めた景色は、遺跡の立地を立体的に、視点や高さ、アングルを変えることで、地上からでは見えない山や川の形状、海までの距離、周辺の植生や遺跡の分布を考えることにも有効であるからだ。

　さらに、相互の位置関係を理解するにも、地図にはない臨場感をもって知ることができる。当然、地図には地図の利点があるが、解釈を挟まず自然のもつダイナミックな臨場感は写真に優るものはない。

5 洞窟遺跡の特性と形成

　洞窟遺跡の特徴の一つは、細かな地層である。それは、雨風に晒される平地の遺跡とは異なり、岩体により堆積物が保護され、残りやすい環境にあるからだ。さらに石灰岩などの岩質によっては、酸性土壌では分解されて残らない骨や貝など有機質の自然遺物が、比較的残りやすい環境にある。一方、落石や雨水により地層が上下逆転することや遺物の移動もしばしばおこる。そのため、堆積構造や過程を理解しながら調査することが肝要となる。

　そもそも洞窟遺跡は、平地の集落遺跡などと比べてその数が少ないものの、集中して分布する傾向にある。多くが石灰岩などの鍾乳洞などに連なって遺跡として利用されるからであろう。中国地方の帝釈峡はその好例であり、「山の貝塚」と称されるほど豊かな自然遺物と景観を有している。

　また、房総・三浦半島の海蝕洞窟のように、地質や地形と洞窟遺跡が関係し、地域的な特性をよく表す例もある。太平洋に面する房総・三浦半島の洞窟遺跡では、各期に海との関わりがみられる。縄文から弥生時代にかけては貝製品や貝塚から活発な漁労活動が確認され、古墳時代には船葬に関わる遺構や副葬品から葬送儀礼としての洞窟利用がみられる。

　以上のように、地域によっては時期が限られるものの、洞窟の成因とその利用は、地質や地形と文化的地域性とに深い関係がある。

図3　房総半島の海蝕台地と安房神社洞穴遺跡（千葉県指定史跡）
縄文海進や隆起により離水したと考えられる。標高20mの高さにある海蝕洞窟。

写真内ラベル：海蝕台

6　西北九州洞窟遺跡の地形を読む

　西北九州の洞窟遺跡には、他地域とは異なり水系に沿って遺跡が形成される特徴がある。それには、いくつかの要因がある。

　一つは、広大な玄武岩質の溶岩台地にある段丘面と共に狭い谷あいに岩陰・洞窟地形が河川の侵食により形成される例が多くあるからだ。そのため、洞窟や岩陰地形は河川に沿って分布する。

　もう一つは、この水系に沿って先史時代の人々が移動を行っていたと想定されるからだ。それは縄文時代草創期の遺跡である相浦川流域の泉福寺洞窟や日宇川流域の天神洞穴、縄文時代早期から前期の大古川岩陰の主要な利用石材である黒曜石は、河川や峠を越えた先に黒曜石の原産地が分布することからも推測される。

　標高200m近い山間部にある岩下洞穴では、縄文時代前期の包含層でタイの下顎骨などの海産物が出土している。この時期、相浦川流域には約2km圏に遺跡が分布しており、山にいながら河川に沿って下流の遺跡にいる集団と交易等を行っていたことが想像される。

　こうした地質や地形の地域的な要因と水系に沿って移動する人々の活動が重なり合うことで、西北九州の洞窟遺跡は形成されていったと考えられる。

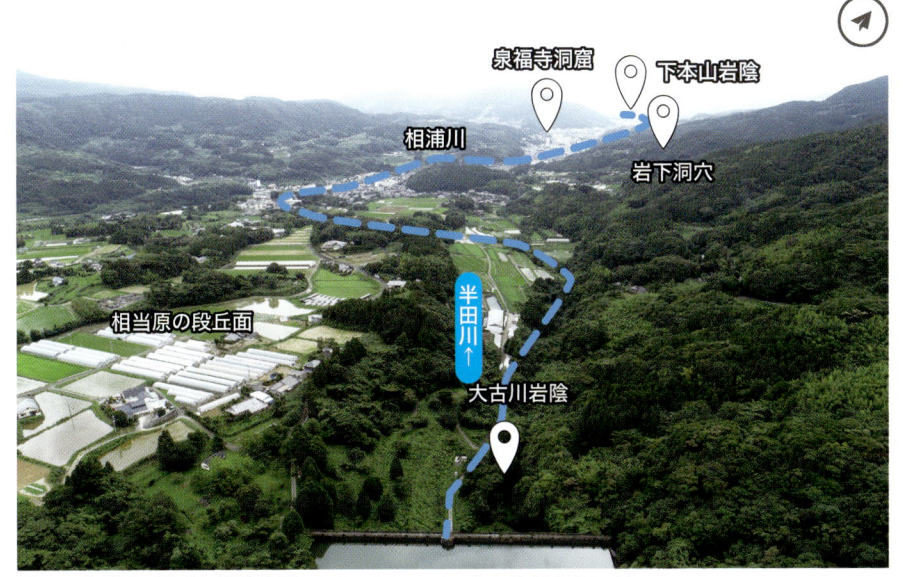

図4 段丘面の形成と岩陰地形 相浦川流域における段丘面と洞窟遺跡の例。

図5 天神洞穴と黒曜石原産地（長崎県佐世保市）と針尾産黒曜石原石（右上）
流域の右岸に天神洞穴があり、今は埋立地となった干潟の端にある。海を介して対岸の盛り上がった山々が針尾島内の黒曜石原産地である。

7　空から見た洞窟遺跡で何がわかったのか？

　考古学（Archeology）を歩けオロジーとなぞらえるほど、遺跡に立つことは、当時の人々の目線で、雨風や日差し、河川までの距離を感じるためにも重要な視点である。一方、都市開発などにより変容した地形の中で、遺跡がどこに位置しているのか、周辺遺跡はどのように見えていたのか、大所高所から遺跡を理解することは難しい。

　例えば、海に直接面した海食崖に立地する牽牛崎洞穴が海蝕洞窟と考えられることは、現地に立つとよくわかる（図6）。しかし、低位段丘の先端部に位置することや周辺の入り組んだリアス式海岸のなかに立地する洞窟遺跡であること、古代中世の遺跡と距離が離れた場所で漁労活動を行われていたことは現地ではわかりにくいが、空から見てみると一目瞭然である（14頁参照）。

　次に、洞窟遺跡では、砂岩などの落石などによる無遺物層となる地層が形成されることがしばしばあるが、その成因がわかることはほとんどない。

図6　洞穴前面からみた海蝕洞窟の牽牛崎洞穴（長崎県佐世保市）

図7　史跡 福井洞窟の判別図 <small>（徳島大学・西山賢一氏作成）</small>

　ところが、福井洞窟では、地形図や空中からみた写真で、洞窟の北西部に地すべり地形があることが明らかとなっている。旧石器時代終末期に大形の天井石の落石を誘発したと考えられ、洞窟前面を流れる川の流れをも変えたと想定されている。このように、現地踏査、発掘調査、空からの調査を組み合わせることは、地形判読に有効な手段であるとわかる。

　また、日本三大名勝に数えられる耶馬渓は、複数回に及ぶ火山活動に由来する堆積物を山国川が長い年月をかけ浸食してできた奇岩奇勝地形である。岩体のもつ迫力は地上の目線でもわかるものの、その起伏や河川の形成を含めた壮大さを伝えることにおいても、空から見た写真は有効である（92-93頁参照）。

　空から洞窟遺跡を見ることで、遺跡の立地を立体的にとらえ、地上からでは見えない遺跡の形成過程や遺跡間の関わり、自然と人の関わり方を考えることができる。

（栁田裕三）

2024 年度企画展『空から見た洞窟遺跡』プレイベント

「洞窟遺跡の保存と活用を考える 大学生モニターツアー」レポート

人類と洞窟のかかわりを見つめる

先史時代における人類の洞窟での営為に関しては、生活残滓や残された埋葬人骨などを対象として、考古学的な発掘調査が積み重ねられ、史跡としての価値が見出されてきた。

こうした中で、福井洞窟が国の特別史跡の答申を受け、今後、広く国民とその価値を共有するため、将来にわたっての保存と活用が図られることになった。洞窟遺跡の価値や魅力などに関する新たな気づきや保存と活用の方策などに関する若い世代の意見やアイデアを聴取するため、考古学を専攻する大学生、博物館学芸員を目指す大学生、観光学や経営学を専攻する大学生などをモニターとして、参加体験型のツアーが開催された。

佐世保とその歴史を知る

2024 年（令和 6）8 月 8 日（木）〜12 日（月）にかけて、長崎県立佐世保青少年の天地を拠点として、岡山理科大学博物館学芸員課程「博物館実習生」を主体とする大学生と中学生がモニターツアーに参加した。海上自衛隊佐世保史料館（セイルタワー）、国重要文化財旧佐世保無線電信所（針尾送信所）施設、福井洞窟ミュージアムなどを訪問し（◉1）、軍都佐世保の成り立ちから洞窟遺跡を舞台とする先史時代に遡る歴史を学んだ。

◉1　海上自衛隊佐世保史料館（セイルタワー）に集合した学生たち（左）・国重要文化財旧佐世保無線電信所（針尾送信所）施設での解説（上）

佐世保は明治時代から現在まで日本防衛の最前線を担ってきたのですね！

◎2　九十九島湾に突き出た岬に位置する
　　牽牛崎洞穴
　　伐開前（左）と伐開後（右）

◎3　眼下に伊万里湾と瓜ヶ坂の棚田を
　　見下ろす百田岩陰
　　伐開前（左）と伐開中（右）

　「洞窟遺跡日本一のまち」を標榜する佐世保市には、これまでのところ36ヵ所の洞窟遺跡が確認されているという。しかしながら、その多くでは、遺跡を表示する標柱、洞窟にアプローチするための階段・スロープなどの外構が整備されておらず、また、草木に覆われ、目視することが難しい状態になっており、地域住民や洞窟遺跡を訪れる人々がその存在をとらえることが難しい状態となっている。

　そのため、今回のモニターツアーでは、連日35℃を超える盛夏の中、洞窟が位置する山野河海に分け入り、その立地や道のりの険しさを体験しながら、周辺に繁茂した樹木を伐採し、廃棄されたごみなどを清掃した（◎2・3）。また、福井洞窟ミュージアムにおける企画展プレイベントに位置づけられているとおり、小型無人機（UAV、いわゆるドローン）による遠近景の空撮を実施するため、伐開によって洞窟遺跡にたどり着くための導線を上空からUAVでとらえるための視界を確保した。

『させぼ洞窟遺跡探検
マップ』が便利！

本物の鹿皮、暑い…

◉4　福井洞窟ミュージアムでの
　　先史時代コスプレ

◉5　福井洞窟へのルート説明

福井洞窟とミュージアムで学ぶ

　洞窟遺跡の保存と活用を担うミュージアムにおける具体的な取り組みを学ぶため、福井洞窟ミュージアムを訪問し、展示および施設に関するレクチャー、アクティビティなどを体験した（◉4）。また、ミュージアムに備付の電動アシスト自転車を利用し実際に福井洞窟を訪問した。交通の安全性や途中の見どころなどを確認しながら、現地に至るルートを体験した（◉5・6）。現地では、ミュージアムの展示を振り返りながら、当時の福井洞窟の景観と人類の生活に想像を逞しくした（◉7）。

ともにつくる洞窟遺跡の魅力

　まず、洞窟遺跡の印象として、「え！洞窟？」という感想がほとんどであった。「洞窟」のイメージとかけ離れており、諸外国で「岩陰」（Rock Shelter）と称されている形態がわが国で「洞窟」と呼び習わされているのはなぜだろうかという素朴な疑問を感じた。

　次に、維持管理に関しては、人があまり足を踏み入れない場所にあることから、草木が茫々となり、不法投棄などを含めてごみが散乱している洞窟遺跡が少なからずあった。自らの体験を通じて、定期的な伐開および日常的な清掃が必要不可欠であるというのが全員の意見であった。とりわけ、アクセスが悪く過疎あるいは無人となっている地区の洞窟遺跡に関しては、今後の保存と活用の取り組み、とりわけ、担い手に関する持続可能性に不安を感じた。今回のモニターツアーのように、洞窟遺跡に興味・関心をもつ人々の参加を募ることで、洞窟遺跡のよき理解者を増やす努力を積み重ねることが大切と考えた。

柳田さんの洞窟への
熱量すごい!!

登り坂でも楽ちん♫

◉6　福井洞窟へ電動アシスト自転車で出発

◉7　福井洞窟現地での
　　レクチャー

　福井洞窟ミュージアムから福井洞窟までのアクセスに関しては、公共交通の確保、自転車道の整備、洞窟から福井川を周遊する遊歩道などアクセス周りに関する意見が多くあったものの、こうした課題に関しては、費用などの現実的な対応を考えると、改善や解決が難しいという理解にも及んだ。一方で、洞窟遺跡の「遺跡」の側面だけでなく、「洞窟」の側面に着目し、その地形の成り立ちや特有の植物や昆虫など「洞窟」を構成する多様な側面を調査・研究するなど、洞窟遺跡の価値や魅力を幅広くとらえる取り組みによって、多くの人々の集客に繋げることができないだろうかという意見があった。

　また、福井洞窟が特別史跡になることに関しては、福井洞窟ミュージアムの展示を見ることで、その相応しい価値を十分に理解できた。また、本物の鹿皮や麻布を用いたコスプレや火起こし体験は、児童・生徒にとって体感度の高い素晴らしいコンテンツであった。一方で、佐世保市が「洞窟遺跡日本一のまち」であることに関しては、福井洞窟、泉福寺洞窟などの主要な洞窟遺跡は別にしても、36ヵ所すべての洞窟遺跡を総覧し、これらの関係を理解できるような施設や展示があった方がよいと感じた。また、わが国唯一の特別史跡を擁することになるので、他地域や諸外国と比較しながら、洞窟遺跡の調査・研究をさらに掘り下げ、その学術的な成果に立脚して、「洞窟遺跡日本一のまち」を強く訴求することが重要と考えた。

(德澤啓一)

＊本モニターツアーでは、佐世保市教育委員会の柳田裕三さん、福井洞窟ミュージアムの小林祐子さん、針尾送信所ボランティア永田さん、唐津市教育委員会の鮎川和樹さんに大変お世話になりました。深く感謝申し上げます。（大学生モニターツアー参加者一同）

引用文献

麻生 優 1985『泉福寺洞穴の発掘記録』佐世保市教育委員会

麻生 優 1968『岩下洞穴の発掘記録』佐世保市教育委員会

伊万里市教育委員会 1974『白蛇山岩陰遺跡』

伊万里市史編さん委員会 2006『伊万里市史　原始・古代・中世編』伊万里市

岡山理科大学博物館学芸員課程・長崎県佐世保市教育委員会 編 2023『福井洞窟長崎県佐世保市　福井洞窟資料図譜』雄山閣

海部陽介・坂上和弘・河野礼子 2017「岩下洞穴（長崎県佐世保市）出土の縄文時代早・前期人骨：特に早期人が短命であった可能性について」『Anthropological Science（Japanese Series）』125 巻 1 号、1 - 24 頁、日本人類学会

佐賀県立博物館編 1980『肥前町百田洞穴―東松浦郡肥前町瓜ガ坂所在―』佐賀県立博物館調査研究書第 6 集

佐世保市教育委員会 2006『佐世保の洞穴遺跡』

佐世保市教育委員会 2010『佐世保市の洞窟遺跡Ⅱ』佐世保市文化財調査報告書第 3 集

佐世保市教育委員会 2016『史跡福井洞窟発掘調査報告書』佐世保市文化財調査報告書第 14 集

佐世保市教育委員会 2016「平戸領地方八峯勝調査報告書」佐世保市文化財調査報告書第 15 集

佐世保市教育委員会 2021『佐世保の洞窟遺跡Ⅲ　大古川岩陰発掘調査報告書』佐世保市文化財調査報告書第 20 集

佐世保市教育委員会編 2022『旧石器から縄文のかけ橋！福井洞窟―洞窟を利用しつづけた大昔の人々―』雄山閣

芝 康次郎 2020「九州」『洞窟遺跡の過去・現在・未来』季刊考古学第 151 号

中津市歴史博物館 2022『枌洞穴と縄文の人生』

中村由克・石位久夫・松橋 均 2002「佐世保市周辺の第四紀地質と洞穴の形成時期」『泉福寺洞窟研究編』泉福寺洞窟研究編刊行会

奈良県立橿原考古学研究所 2012 特別陳列『末永雅雄　末永考古学の軌跡』

西山賢一 2022「この場所に洞窟地形ができたわけ」『旧石器から縄文のかけ橋！福井洞窟―洞窟を利用しつづけた大昔の人々―』雄山閣

日本考古学協会洞穴遺跡調査特別委員会 編 1967『日本の洞穴遺跡』平凡社

文化庁文化財部記念物課 2017『日本の特別史跡』

山﨑猛夫 1989『肥前町史』上巻、肥前町史編纂委員会

福井洞窟特別史跡答申記念企画展『空から見た洞窟遺跡』とその図録である本書は、佐世保市教育委員会・岡山理科大学の共同研究事業「洞窟遺跡の保存と活用」の成果の一部であり、柳田裕三（佐世保市教育委員会）・徳澤啓一（岡山理科大学）が企画・編集した。

著者紹介 (掲載順)

栁田 裕三	（やなぎた　ゆうぞう）	佐世保市教育委員会
蓮田　尚	（はすだ　ひさし）	公益財団法人佐世保観光コンベンション協会
高橋 央輝	（たかはし　ひろき）	佐世保市教育委員会
伴　祐子	（ばん　ゆうこ）	公益財団法人大原芸術財団倉敷考古館
石田 成年	（いしだ　なりとし）	佐世保市教育委員会
松元 一浩	（まつもと　かずひろ）	長崎県埋蔵文化財センター
中原 彰久	（なかはら　あきひさ）	佐世保市教育委員会
野田 千輝	（のだ　ちき）	伊万里市教育委員会
伊達 惇一朗	（だて　じゅんいちろう）	有田町教育委員会
鮎川 和樹	（あゆかわ　かずき）	唐津市教育委員会
尾上 博一	（おのうえ　ひろかず）	対馬博物館
衞藤 美紀	（えとう　みき）	中津市歴史博物館
丸山 利枝	（まるやま　りえ）	中津市歴史博物館
福田　聡	（ふくだ　さとし）	佐伯市教育委員会
西山 賢一	（にしやま　けんいち）	徳島大学
松尾 秀昭	（まつお　ひであき）	佐世保市教育委員会
鐘ヶ江 樹	（かねがえ　たつき）	佐世保市教育委員会
溝上 隼弘	（みぞがみ　としひろ）	佐世保市教育委員会
徳澤 啓一	（とくさわ　けいいち）	岡山理科大学

協力者・協力機関一覧 （50 音順）

ご協力いただきました皆様に心から謝意を表します。
写真及び資料等提供者、依頼者、共同研究者及び機関に限ります。この他にも様々な地権者や先生方にご支援ご協力を頂きました。記して感謝申し上げます。

越知睦和・鎌木馨子・鎌木和久・亀田修一・川内野篤・久家孝史・白石　純・寺田正剛・富岡直人・萩原博文・蓮田知則・久村貞男・藤井浩司・渕ノ上 隆介・山岡邦章・山城敏幸・吉村和昭

有田町教育委員会・海上自衛隊佐世保史料館（セイルタワー）・岸和田市教育委員会・佐賀県立博物館・（公財）佐世保観光コンベンション協会・（公財）松浦史料博物館・東漸寺・長崎歴史文化博物館・長崎県埋蔵文化財センター・長崎県立佐世保青少年の天地・奈良県立橿原考古学研究所附属博物館・針尾無線塔保存会

（洞窟遺跡の保存と活用を考える大学生モニターツアー参加者）
佐々木祥悟・重松利信・友森敬洋・糠澤大我・橋本和樹・浜野僚弘・藤崎　真・正田　咲・宮下凌一

後援（50 音順）：公益財団法人大原芸術財団倉敷考古館・中津市教育委員会・佐伯市教育委員会・伊万里市教育委員会・唐津市教育委員会・対馬博物館

《検印省略》2024年 10 月 25 日　初版発行

空から見た洞窟遺跡

編者
福井洞窟ミュージアム・岡山理科大学
発行者
宮田哲男
発行所
株式会社 雄山閣
〒102-0071　東京都千代田区富士見2-6-9
Ｔｅｌ：03-3262-3231
Ｆａｘ：03-3262-6938
URL：https://www.yuzankaku.co.jp
e-mail：contact@yuzankaku.co.jp
振　替：00130-5-1685
印刷・製本
株式会社ティーケー出版印刷

ISBN978-4-639-03009-6 C0021
N.D.C.210　112p　21cm
©SASEBO City Board of Education & OKAYAMA University of Science 2024 Printed in Japan